# お茶にあう
# 和風のおかし

おとなのためのお菓子集

長尾智子

## ○お菓子はお茶をおいしくする。

一日に何度もお茶を飲むから、ちょっとでいいけれど私にはお菓子が必要。ほうじ茶、お煎茶、京番茶、薄めのプーアール茶、茉莉花茶、沖縄のハーブティー、凍頂ウーロン・・・こんないつものお茶にあうのは、どうやら和風のお菓子らしい。

あんこを煮たり求肥を練ったり、日本のお菓子と向きあってみると、よく知っているはずなのになんだか新鮮。美しいものをつくり出す、そんな気分になる。

## ○和菓子、西方より来る。

ルーツを辿れば、中国からやって来たものが日本の気候風土を通して姿形、風味を変えて和菓子となったらしい。お清めのスパイス、薬用の砂糖をはじめ、中国からの珍しいお菓子は奈良時代に「唐果物（からくだもの）」と呼ばれたとか。いい香りがしそうな、なんて美しい響きだろう！きっと甘いもの好きのロマンチストがつけた名前に違いない。

### ○お茶には茶の子。

その昔、ちょっとしたお茶うけの果物や木の実を「茶の子」ってかわいく呼んでいたらしいのだ。茶道の発展は美しく季節を映したお菓子なしではあり得なかった、とも思うけれど、毎日のことだけ考えたって、おいしいお茶の味はお菓子で倍増するというものだ。ふと思い立って作れる「茶の子」があったら。

というわけで、お茶にお菓子は不可欠。あなたも今日から自分で作るお気に入りの和風のお菓子をひとつどうぞ。

# もくじ

## お菓子作りのまえに

○大さじ一は十五cc、小さじ一は五cc。卵は指定のない場合はサイズにこだわる必要はありません。

○あんこの作り方は68ページに掲載しました。豆から煮る時間がなければ市販品を利用しましょう。練りあん、つぶあん、小倉あん、さらしあん、ゆであずきなど、種類にこだわらず、手に入るもので作ってみてください。

○あんや生地を火にかけて練るときは、鍋は角にまるみがあるもの（混ぜやすいから）、器具はしゃもじや木べらを使います。砂糖入りのものは焦げやすいため、弱火でときどき火からはずして様子をみながら、つねに鍋底から混ぜながら火を通します。

○生地類の混ぜ加減の目安は、特に指定のないかぎり、全体がむらなく均一な状態になるまでと考えてください。必要以上に混ぜすぎるのも禁物です。粘りが出すぎて、仕上がりがかたくなるからです。

○蒸し菓子作りには、蒸籠《せいろう》か蒸し器を（どちらもなければ深くて大きな鍋で工夫して）使います。水は途中でなくならないようにたっぷりと入れ、強火でしっかり沸騰させ、蒸気が十分に上がってから蒸し始めます。蒸し器や鍋を使う場合は、加熱中にふたに付いた蒸気が水滴となって菓子の上にたれるので、ふきんをかませます。

○焼き菓子や蒸し菓子の型は、熱の伝わりやすい金属製をおすすめします。特に蒸し菓子には、底のない枠型を用います。蒸気が下から当たるためです。型にオーブンペーパーを敷くときは、ぴったり沿うように折ってから敷きます（写真）。

○黒糖や各種粉類のかたいかたまりはダマが残りやすいので、すり鉢などですりつぶすとよいでしょう。水に溶かす場合はよく混ぜ、念のために一度こして使います。

○材料欄に砂糖とある場合は、上白糖、グラニュー糖、きび砂糖など、好みのものを使ってください。

# ネオ・ジャパニーズ・スイート

南仏プロヴァンス地方名物のカリソンというお菓子を食べたとき、まるで和菓子だ、と思った。大豆の粉と糖蜜を練ったすはま(洲浜)という半生の和菓子によく似ていたから。考えてみれば、カリソンはアーモンドパウダーとフルーツのシロップを練って軽く焼いたもの。両方ともねっちりしてしっかりした甘さがある。洋菓子と和菓子はお互いそっぽを向いているように見えて、でも時には不思議なほど共通点があったりする。「洋」の反対としての「和」ではなく、私なりの和風のお菓子を作ってみたら、少しだけ新しく見えて、どれもなぜか懐かしい味がした。

# 01
# さつまいもきんつば

# さつまいもきんつば

材料　二〇個分
さつまいも　五〇〇g（小さめ二本）
砂糖　一〇〇g
粉寒天　五g

衣
薄力粉　五〇g
白玉粉　大さじ一
シナモン　小さじ一
砂糖　小さじ二分の一
塩　一つまみ

準備　オーブンを一九〇℃に温める。二〇cm角の枠型にオーブンペーパーを敷き込む。

1 さつまいもを八～一〇等分に切り分け、軽く冷水にさらしてからアルミフォイルを二重にして包む。オーブンに入れて四十五～五〇分、竹串がすっと通るまで焼く（イ）。皮の色の悪いところ、かたいところなどを取り除き、一切れを四等分に切り、フードプロセッサーに入れる。

2 鍋に水二〇〇ccと粉寒天を入れて中火にかける。木べらで軽く混ぜながら寒天を煮溶かし、完全に溶けたら砂糖を加え、混ぜながら溶かす。

3 1のフードプロセッサーを二〇～三〇秒ずつ何度か回し、さつまいもを粗いペースト状にする（ロ）。2の寒天液を三回に分けて加えながら、さらに回す。全体がよくなじんだら型に平らに詰め（ハ）、三〇分以上冷蔵庫に入れて固める。

4 衣を作る。白玉粉のかたまりをすりこぎでつぶしてから薄力粉、砂糖、塩、シナモンとともにボウルに入れ、水一二〇ccを二回に分けて加え、泡立て器で混ぜ合わせ、こす。

5 3を型から取り出し、縦四等分、横五等分に切り分ける。フライパンを弱火で温め、さつまいもの一つの面に4をつけ、その面をフライパンに押しつけるようにして立てて並べる（ニ）。三〇～四〇秒焼いたら持ち上げ（はがれにくければさらに二〇秒ほどおく）、隣の面も同様にして4をつけて焼く。全面焼いたら平らな場所に並べて冷ます。

○さつまいもをオーブンで焼くと、ゆでたり蒸したりするよりも、味が濃くなり、甘みが強くなる。そして何より香ばしい。ついついあちこちで（16ページのいも栗ようかん、99ページの焼きいもぜんざい）使ってしまいました。このお菓子は白い衣を纏って完成する。これがあると「なるほどこれがきんつばね」、の仕上がり。

イ

ロ

ハ

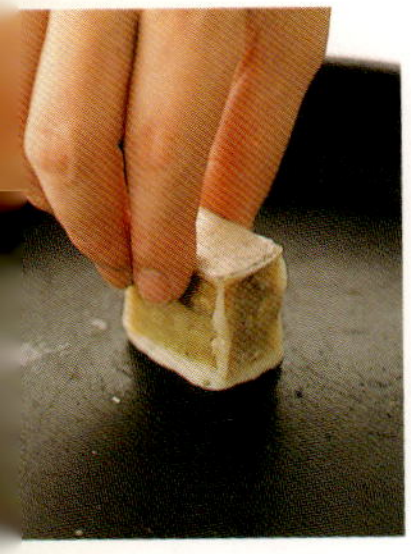
ニ

## 02
# こなしの青い実、白い実

## こなしの青い実、白い実

材料　一〇個分
白あん　二〇〇g
薄力粉　十五g
白玉粉　五g
つぶあん（ややかため）　一五〇g
抹茶粉　約小さじ一
砂糖　大さじ一
塩　一つまみ
ゆであずき　適宜
シロップ　砂糖大さじ二＋水五〇cc

準備　つぶあんを一〇等分する（やわらかめなら、鍋に入れてとろ火にかけ、木べらで混ぜながら二〜三分加熱して水分をとばし、冷まして使う）。鍋に水をたっぷり入れ、蒸籠をのせて火にかける。シロップ用の砂糖と水を火にかけて煮溶かし、冷ます。抹茶粉を同量の水で溶き、茶こしでこす。砂糖に塩を混ぜ入れる。

1 ボウルに白あんを入れ、合わせてふるった薄力粉と白玉粉を加え、粉気がなくなるまで混ぜ込む。四等分にちぎって乾いたふきんにのせ、蒸籠に入れて強火で二〇分蒸す。

2 1をふきんごと取り出し、包んだまま揉んでこねる（イ）。全体がなじんでひとまとまりになったら、砂糖・塩を少しずつ加えてこね混ぜ、完全に混ざったら生地の重さを計って二等分する。片方には水溶き抹茶を少しずつ加えてこね、うぐいす色にする。両方とも五等分して丸め、乾燥しないようにラップフィルムをかけておく（二種を混ぜてマーブル模様にしてもよい）。

3 シロップを少量つけた手のひらで、2を平らにつぶして直径約五㎝にのばし、つぶあんをのせて包む（ロ・詳しい要領は77ページの写真参照）。しっかり閉じて丸め、ふきんに包んで菜箸の頭でくぼませる（ハ）。仕上げにゆであずきをのせる。

○"こなし"とは、よく練る、もみほぐす、こなれた状態にする、というような意味がある。こなし生地は柔軟で扱いやすいから、和菓子の手法と少し親しくなった気がするはず。それは、粘土細工の楽しさがあるからかも（しかも食べられるときたら、ね）。丸く整えてゆであずきをのせると、見たことあるようなないような、優しげな実になった。

イ

ロ

ハ

## 黒豆きな粉ロック

材料　直径十五㎝の蒸籠一台分

黒豆きな粉　六〇g
上新粉　一四〇g
砂糖　五〇g
はちみつ　五〇g
水　五〇cc

準備　はちみつと水を合わせて小鍋に入れ、弱火にかけて煮溶かす。別の鍋に水をたっぷり入れ、蒸籠をのせて火にかける。

1 ボウルにきな粉と上新粉を入れ、はちみつのシロップをまわしかけ、両手をすり合わせるようにして混ぜる（イ）。砂糖も加えて混ぜ、かたまりをつぶしながら目の粗いこし器に通す（ロ）。

2 蒸籠を鍋からおろしてオーブンペーパーを敷き込み、1の生地を入れ、スプーンで軽くおさえる（ハ）。ふたをして鍋に戻し、強火で二十五分、押して弾力を感じるまで蒸す。蒸しあがったら鍋からおろし、そのまま冷ましてから適当な大きさに割る（ニ）。

○ごつごつ岩のようだから、ロック。韓国の蒸し菓子の作り方に少し似ていて、加える水分は少しだけで、サラサラした生地を蒸しあげる。するとひとかたまりのほの甘いお菓子になる。切り揃えるより手で割ったほうが似あう。こんな得体の知れない（?）感じが私は好き。ちょっと粉っぽくて素朴な味は、中国茶によくあう。

イ

ロ

ハ

ニ

03
# 黒豆きな粉ロック

# 04
# いも栗ようかん

# いも栗ようかん

材料　十二個分
さつまいも　五〇〇g
マロンペースト　二〇〇g
粉寒天　五g
砂糖　一〇〇g

1 さつまいもを11ページの1の要領でオーブンで焼く。皮を三分の一ほど残してむき、切り分け、フードプロセッサーにかけてペースト状にする。マロンペーストを加え、全体がなじむまで回す。

2 鍋に水二〇〇ccと粉寒天を入れて中火にかける。木べらで軽く混ぜながら寒天を煮溶かし、完全に溶けたら砂糖を加え、混ぜながら溶かす。

3 2が熱いうちに1のフードプロセッサーに加え、全体がなじむまで回す。二〇cm四方の角型に詰めて平らにならし、冷蔵庫で三〇分以上冷やし固める。型からはずして切り分ける。

○10ページのさつまいもきんつばと同じ気分で作れるいもようかん。マロンペーストは、少々しつこい甘さのフランス製を使うのがポイントと言える。ホイップクリームをのせると、モンブランの親戚になれそうな感じの味わい。とはいえ、エスプレッソより濃くいれたほうじ茶のほうがあうけれど。

## 05
# きな粉カステラ

## 06
# 三色焼きメレンゲ

## きな粉カステラ

材料　二〇㎝四方の角型一台分
きな粉　五〇g
強力粉　五〇g
薄力粉　八〇g
黒糖、グラニュー糖　各八〇g
はちみつ　一〇〇g
卵　四個
牛乳　大さじ三
サラダ油　大さじ二

準備　オーブンを一七〇℃に温める。型にオーブンシートを敷き込む。きな粉、強力粉、薄力粉を合わせてふるう。卵を卵黄と卵白に分けて各々ボウルに入れる。

1 卵黄に黒糖とはちみつを加え、泡立て器でもったりするまですり混ぜ、牛乳、サラダ油を順に加える。

2 卵白にグラニュー糖を三、四回に分けて加えながら泡立て、しっかりしたかたさのメレンゲを作る。

3 1にふるった粉類を一度に入れ、ゴムべらで底から返すように手早く混ぜる。2の半量を加え、少し乱暴なくらいに泡立て器でしっかり混ぜ、残りはゴムべらを使って軽くさっくりと混ぜる。

4 生地を型に流し、平らにならしてオーブンへ。ふくらんでしっかり濃いめの焼き色がつくまで約四〇分焼き、完全に冷めてから切り分ける。

○つくづくきな粉が好きなので、こんなところにも入れてみた。カステラの元は西洋菓子だから、要領はケーキ作りと同じ。甘みはやや抑えめだし、どっしりし過ぎてもいないから、朝ごはんやおやつ、お腹がすいたときの夜中の食べ物にもなる多目的なカステラといえる。これはフランスのパンデピスという、お菓子のようなスパイス入りパンを食べていて思いついた。スパイシーではないけれど、見た目はちょっと似ているようです。

## 三色焼きメレンゲ

材料　合計約六〇枚分
卵白　四個分
グラニュー糖　八〇g
和三盆糖　二〇g
抹茶粉　小さじ二
煎茶葉　小さじ二
白煎りごま　十五g
黒糖　小さじ二

準備　オーブンを一三〇℃に温める。抹茶粉を茶こしでこし、煎茶葉（できれば最後に残るこまかいものがいい）と合わせる。グラニュー糖に和三盆糖を合わせる。

1 乾いたボウルに卵白を入れ、泡立て器で溶きほぐす。グラニュー糖・和三盆糖を三、四回に分けて加えながらしっかりと泡立てる（ボウルを逆さまにしても落ちないくらい）。三等分してボウルに分け入れ、抹茶・煎茶、白ごま、黒糖をそれぞれ加えてゴムべらで手早く混ぜ込み、三種のメレンゲを作る（イは抹茶メレンゲ）。

2 オーブンペーパーを敷いた天板に、三種のメレンゲをティースプーン一杯ずつのせ（ロ）、スプーンの背で直径五㎝ほどにのばす（ハ）。オーブンで一〇分焼いたら熱源を消し、庫内に三〇分ほど入れたままにして乾かす。メレンゲがパリッとしたら取り出して冷まし、密封容器に入れて保存する（乾燥剤を入れるとなお安心）。

●メレンゲといえば洋菓子だけど、泡立てた卵白は和菓子にも意外と登場する。はかなく溶ける感じが日本茶にもよくあうのだ。煎りごまや抹茶で香りをプラスして変化をつけてみた。やや薄くいれたお抹茶などにどう？

イ

ロ

ハ

## 07
# 栗の渋皮煮

# 08
# ココナッツかるかん

## 栗の渋皮煮

材料　二〇個分
大粒の栗　二〇個
グラニュー糖　三〇〇g
塩　一つまみ
和三盆糖　適宜
ベーキングパウダー　大さじ一

1 鍋に湯を沸かし、栗を四〜五分ゆでて水気をきる。荒熱が取れたら鬼皮(外側のかたい皮)をむく。

2 鍋に1を入れ、ベーキングパウダーを加え、水をかぶるくらい注いで中火にかける。煮立ったら少し火を弱めて十五分ほどゆでる。湯が黒くなってきたら栗を取り出し、水にさらす。これを栗がやわらかくなるまで三、四回繰り返す(二回め以降はベーキングパウダーは不要)。

3 栗の黒い筋を竹串でていねいに取り、きれいに洗い流し、水気をきり、鍋に入れる。水七〇〇ccを注いで中火にかける。煮立ったらグラニュー糖と塩を加え、弱火で三〇分煮る。煮汁につけたまま一晩置いて味を含ませる。食べる前に汁気を軽くふき取り、底に和三盆糖をつける。

●栗は甘露煮がおなじみだけど、自分で作るのなら絶対に渋皮煮。手間はかかるし時間も必要なので、どうせやるならたくさん作るほうが効率がいい。とにかくていねいに、ゆっくり作ることです。見た目は地味で渋い、でも栗のころんとした形はそのままだから、和三盆をつけてお皿にのせると、季節感がぎゅっと詰まった愛嬌のあるお菓子に見えてくる。

## ココナッツかるかん

材料　直径十五㎝の蒸籠一台分
ココナッツパウダー　六〇g
ココナッツ（削ったタイプ）　十五g
上新粉　一〇〇g
グラニュー糖　一〇〇g
卵　L玉一個
大和いも　すりおろし一五〇g

1　鍋に水をたっぷり入れ、蒸籠をのせて火にかける。すりおろした大和いもをボウルに入れ、溶き卵、水大さじ三、グラニュー糖を加えて泡立て器でよく混ぜる。上新粉とココナッツパウダーも加え、ぐるぐる回すように混ぜる。

2　蒸籠を鍋からおろし、オーブンペーパーを敷き込み、生地を流す。削りココナッツを散らし、ふたをして鍋にのせる。強火で十五分蒸し、中火にして二〇分蒸す。取り出してふきんをかけて冷ます。

○九州にかるかん（軽羹）という不思議なお菓子がある。真っ白で強い弾力、ほのかな山いもの香り。この〝弾力〟というのが特徴で、シンプルな白いかたまりの強い個性になっている。こういうタイプはめずらしそうだけれど、弾力を持ったお菓子は中近東やヨーロッパでも意外と見つかる。弾力のもとは小麦粉、おいも、それにはちみつだったり。このかるかんには、紅茶もあうかな。白には、中国紅茶の赤みがかった水色がぴったりだから。

## 09
# キャラメルかん

## 010
# 金時きんとん

# キャラメルかん

材料　十六・五×八×高さ五・五㎝の
　　パウンド型一台分

錦玉液
- 糸寒天　一〇g
- 水　六〇〇cc
- グラニュー糖　二〇〇g
- 水あめ　大さじ一

キャラメルソース
- グラニュー糖　一〇〇g
- 水　五〇cc
- 熱湯　一五〇cc

しょうがのおろし汁　約小さじ一

準備　糸寒天をたっぷりの水にできれば半日以上、短くても二時間以上つけてもどす（イ）。

1 キャラメルソースを作る。鍋にグラニュー糖と水を入れ、弱めの中火にかける。グラニュー糖が溶けたら鍋を動かさずにそのまま煮詰め、周りが茶色く焦げてきたら、軽く揺すりながら濃い紅茶くらいに色づくまで煮詰める。薄く煙が立ち、細かい泡がたって沸騰してきたら、火からはずして熱湯を少しずつ加え（熱いソースが飛び散るので注意）、弱火に戻して煮溶かし、火を止める。

2 錦玉液を作る。鍋に水気を絞った寒天を入れ、分量の水を注いで中火にかける。木べらで混ぜながら寒天を溶かす。溶けたように見えても残っていることが多いので注意（ロ）。完全に溶けたらグラニュー糖を加え、溶けたら水あめを加えて溶かし、こす。鍋に戻して弱火にかけ、白く浮いてくるアクをていねいに取りながら、絶えず木べらで混ぜて一〇分煮詰める。

3 1のキャラメルソースを再び弱火にかけて煮溶かし、錦玉液に加えて混ぜる（両方が熱いうちに）。型に流し入れて荒熱を取り、ラップフィルムをかけて冷蔵庫へ。よく冷やしてから切り分け、しょうがのおろし汁をかける。

○キャラメル、と聞くだけでうっとり。私はキャラメル味を崇拝しているので、いろいろに使いたい。苦みと甘みを生かすには、寒天で固めるのが単純でおいしいやり方だ。錦玉液とは、涼し気なお菓子の素になる寒天のシロップのこと。好きな味を閉じ込められる。少し煮詰めた寒天は、つるっとしてちょっと弾力もある。これがもしゼラチンだったら、生クリームをかけたくなるような舌ざわりになるから不思議だ。甘さ控えめのあっさりした寒天にしょうががをあわせると、何だか和風だなあ。たくさん作ってパクパクと。

イ

ロ

## 金時きんとん

材料　一〇個分
金時豆　二五〇g
グラニュー糖　一七〇g
和三盆糖　三〇g

求肥
白玉粉　十二g
水　三〇cc
グラニュー糖　二〇g
水あめ　小さじ一

準備　金時豆をたっぷりの水に一晩つけてもどす。

1 金時豆の水気をきり、鍋に入れ、新たな水をたっぷり注いで火にかける。煮立ってきたらアクを取り、弱火にしてやわらかくなるまで四〇〜五〇分煮る。グラニュー糖と和三盆糖を加え、弱火のまま、ときどき混ぜながら三〇分ほど煮る。火を止めてそのまま冷ます。

2 煮豆をフードプロセッサーに入れ（煮汁が残っていれば汁気をきる）、ペースト状になるまで回し、鍋にあける。弱火にかけ、木べらで絶えず混ぜながら二〜三分火を通して水分を飛ばし、ボウルに移して荒熱を取る。

3 求肥を作る。小鍋に白玉粉を入れ、まず同量の水を加えてよく練ってから、残りの水を少しずつ加えて溶きのばす。弱火にかけ、木べらで絶えず混ぜながら透明感のある餅状に練りあげる。グラニュー糖を加えて混ぜ、火を止めて水あめを加えて混ぜ、ふきんをかけておく。

4 2の荒熱が取れたら3の求肥生地を加えて、木べらでしっかり混ぜ合わせる。重さを計って十二等分し、ふきんをかけて完全に冷めるまでおく。

5 一〇個分を軽く丸め、ふきんで茶巾絞りにする。残り二個分はこし器かざるでそぼろ状にこし、仕上げに竹串でつまんで上にのせる。

○金時豆は、好きなのにどうも地味な存在。ペーストにして和菓子らしい形に作って、たまには主役にしよう。求肥を少し加えると、やわらかな弾力が出てまとまりもいい。求肥入りの練切生地はかたさの微妙な加減がむずかしいものだけれど、茶巾絞りにするにはやわらかめのほうがいいから、あまり気にしなくて大丈夫。しっかり香ばしい玄米茶といっしょに。

011

# きんかんの甘煮
# オレンジとゆずの甘煮

## きんかんの甘煮

1 大粒なきんかん十二個のへたを取り、切り離さないように注意して放射状に四か所深く切り込みを入れる。竹串を差し入れて種を取り出す(イ・五、六粒あり)。鍋に入れ、グラニュー糖一〇〇gと和三盆糖六〇gをまぶし、水二〇〇ccを注いで中火にかける。煮立ってきたら白く浮くアクをすくい、火を少々弱めて十五分ほど煮る。

## オレンジとゆずの甘煮

材料　作りやすい分量
オレンジ　小ぶり三個
ゆず　大二個
バニラビーンズ　二分の一本
グラニュー糖　二〇〇g
和三盆糖　八〇g

1 オレンジ、ゆずの果皮にナイフで十字に切り目を入れてむく。一切れをさらに四等分に切り分け、冷水に一時間以上つける(ロ)。
2 オレンジの果肉を取り出す。ゆずは半切りにして果汁を搾り取る。両者を合わせる(ハ右)。
3 両方の残った薄皮と種を、お茶用パックに入れる(ハ左・ガーゼに包んでもよい)。
4 鍋に1の皮を水気をきって入れ、新たに水をたっぷり注いで中火にかけ、十分に煮立ったらざるにあげる(ニ)。これを三回繰り返す。四回目はかぶるくらいの水で弱火で二〇分ほど煮る。オレンジの皮がやわらかくなって透明感が出てきたら、水分を捨て、2と3、グラニュー糖、和三盆糖、さやを切り開いたバニラビーンズを加える。弱火で四〇分ほど煮込み、パックを取り除く。

○きんかんは皮ごと生で食べても相当おいしいけれど、お茶にあわせるのならコンポートがいい。一粒の中に甘さと風味が閉じ込められて、存在感がある。オレンジとゆずのほうはマーマレード風。バニラを加えると無国籍的?と思いきや、ゆずのいい香りで日本的な味にまとまる。そのまま食べてもいいし、軽く乾かして和三盆糖やけしの実をつけると(83ページの写真中央)、たちまちおすましな和菓子の顔になる。

イ

ロ

ハ

ニ

## 花豆の甘煮

材料　作りやすい分量
白花豆　一五〇g
グラニュー糖　一〇〇g
和三盆糖　五〇g
ホワイトラム　大さじ一

準備　花豆をたっぷりの水に一晩つける（イ・下は水づけ前、中は四時間後、上は十四時間後）。
1 花豆がしわのない状態までもどったら、水気をきって鍋に入れ、新たな水をたっぷり注いで中火にかける。煮立ったら弱火にして五〇分〜一時間、豆がやわらかくなるまでゆでる。
2 ゆで汁の量を豆がつかるくらいに調節し、グラニュー糖と和三盆糖を加えて木べらでざっと混ぜる。弱火のまま、水分量を調節しながらさらに三〇分ほどあくを取りながら静かに煮る。火を止めてラムを加え、そのまま冷ます。一晩置いて味を含ませるとよりおいしい（ロ）。

アレンジ1　［甘納豆風］甘煮花豆の煮汁をきり、一二〇℃のオーブンで十五分乾かし、グラニュー糖をまぶす。紫花豆で作っても渋い色合いできれい。
アレンジ2　［花豆あん］甘煮花豆の煮汁をきってフードプロセッサーにかけ、様子をみながら煮汁を少しずつ足してペースト状に仕上げる。そのまま白あんとしても使えるし、クラッカーにのせればあんこ好きのおやつにぴったり。

○甘く煮くずれるように作った煮豆はお惣菜だが、一粒ずつに気を配って作った煮豆はお菓子になる。そして、自在に姿を変えて別のお菓子にもなる。ペーストにすれば白あんとしても使えるし、大粒の色違いの花豆を甘納豆風にすると、けっこうな存在感。可能性を秘めた煮豆というわけ。

イ

ロ

# 012
# 花豆の甘煮

# 013
# 抹茶の浮島

## 抹茶の浮島

材料　二〇cm角の枠型一台分
白あん　五〇〇g
卵　L玉四個
グラニュー糖　五〇g
和三盆糖　二〇g
抹茶粉　大さじ山盛り一
上新粉、薄力粉　各三〇g
塩　一つまみ
黒豆の甘納豆(市販)　五〇g
蓮の実の甘納豆(市販)　十二個

準備　上新粉と薄力粉を合わせてふるう。卵を卵白と卵黄に分ける。抹茶粉に水大さじ二を加えてよく練り合わせる。鍋に水をたっぷり入れ、蒸籠をのせて火にかける。型にオーブンペーパーを敷き込む。

1 ボウルに白あんと卵黄を入れ、木べらで混ぜてなめらかにする。グラニュー糖の半量、和三盆糖、塩を加え、よくなじむまでしっかり混ぜる。溶いた抹茶を茶こしでこしながら加え(イ)、ふるった粉類も加えて手早く混ぜ合わせる。

2 乾いたボウルに卵白を入れ、残りのグラニュー糖を三回に分けて加えながら泡立て、やわらかく角が立つメレンゲに仕上げる(ロ・このお菓子はふくらみ過ぎないほうがいいので、完全に泡立つ一歩手前で止める)。メレンゲを二回に分けて半量ずつ1に混ぜる。泡が残らないようによく混ぜ合わせること。

3 蒸籠を鍋からおろして型をのせ、2の半量を流す。ゴムべらで平らにならし、甘納豆の黒豆の半量を散らし、蓮の実も散らす(ハ)。蒸籠を台にトントンと軽く打ちつけて、生地中の空気を抜く。残りの生地を流し(ニ)、同様にならしてから残りの黒豆を散らし、また空気を抜く。蒸籠を鍋にのせ、ふたをずらしてかぶせて強火で十五分蒸し、ふたを閉めて二〇分蒸してふっくらと仕上げる。型から取り出して側面の紙だけはがし、かたく絞ったぬれぶきんをかぶせて冷ます。完全に冷めてから切り分ける。

○スポンジケーキを作ったことのある人なら、かなり親近感を覚えるお菓子。白あんを入れた生地のしっとりした質感には、うーん、感心する。色を二色に分けたり、甘納豆の種類を替えたり、いろいろな表情にアレンジできるのもおもしろいところだが、やり過ぎは禁物。ほどほどにシンプルなのが美しい。切るのがほんとうに楽しみなお菓子。

イ

ロ

ハ

ニ

## 014
# ラム黒豆と柿

## ラム黒豆と柿

材料　作りやすい分量
黒豆　二〇〇g
グラニュー糖　一五〇g
黒糖　三〇g
塩　小さじ三分の一
ダークラム　大さじ二

準備　黒豆は乾燥状態だと丸いが（イ）、たっぷりの水に一晩浸けてもどすと黒っぽい色がにじみ出し、縦長にふくらむ（ロ）。

1 鍋に黒豆をもどし汁ごとあけ、水分量をかぶるくらいに調節して中火にかける。煮立ってきたらていねいにアクをすくう（ハ）。豆が十分やわらかくなるまで、ときどき水を足しながら弱火で約一時間煮る。

2 豆がやわらかくなったらグラニュー糖と黒糖、塩を加え、溶けたら少し火を強める。煮立ってきたら再度アクをすくい、弱火にする。豆が煮汁から出ないように水分を調節しながら一時間以上煮る。火を止めてラムを加え、そのまま冷まして味を含ませる（ニ）。

○黒豆はお正月以外にもおいしい。何しろよくアクが出るからアク取りも楽じゃないが、黒糖とラムでこくのある風味をプラスすると、あら、ちょっと洒落た味？となる。柿との組み合わせは、色も味もぴったりのデザートといったところ。熟した柿を半分に切ってラム黒豆をのせるだけなのだが、なんとも相性がいいのだ。そして106ページの寒天とのさっぱりさわやかな食べ合わせもおすすめ。お豆を煮ておくのもいいな、と思ったのは、黒豆を何度か煮てからだったっけ。

イ

ロ

ハ

ニ

## 小噺○その1
# 粉材料——米、豆、麦、木の実の粉

ひと口に粉といっても、和菓子作りの粉材料は多彩。米、豆、麦、木の実、それに植物の根っこ（葛粉↓102ページ）や海藻（寒天↓103ページ）まで粉にして使う。

たとえば、洋菓子に小麦粉が欠かせないとすれば、和菓子にとってのそれはお米から作る粉だといえるかも。お米の粉は、それはそれは奥が深い。もち米の粉とうるち米の粉とでは、モチモチ感とシコシコ感が違うし、加熱して粉にしたものと生米の粉とでは、仕上がりの軽やかさが変わる。挽き方の違いでも、微妙な表情の違いをみせる。

重要度でいえば、豆の粉も欠かせない。和菓子とお豆の結びつきは強いのだ（あんこもお豆で作るし）。粉にする豆といえば大豆、きな粉です。おなじみのベージュ色のほかにもいろいろあり。

ちょっと毛色の違ったところでは、落花生《ピーナッツ》の粉なんかもある。洋菓子でもアーモンドパウダーを使うけれど、この粉にも独特の魅力がある。

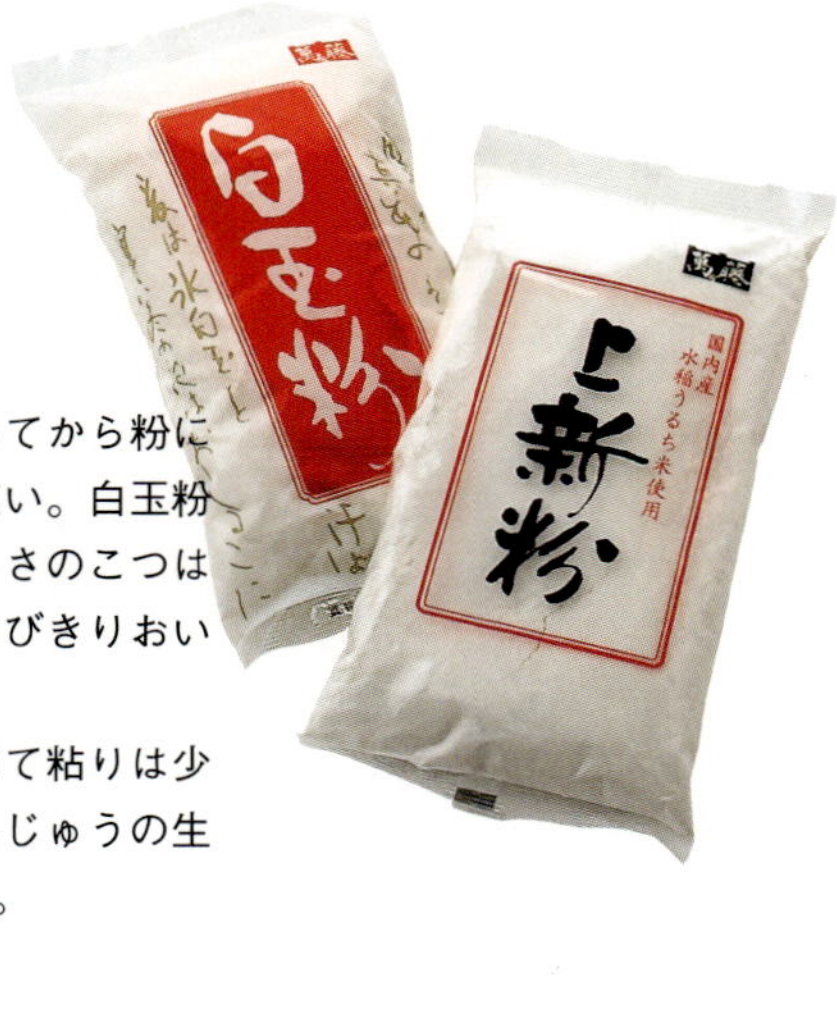


**［白玉粉］**　寒ざらし粉ともいって、もち米を寒中に何日も水にさらしてから粉にする。おだんごをはじめ、求肥作りから生地のつなぎまで、用途は広い。白玉粉をマスターすれば、他の米粉も使いこなせるようになるはず。おいしさのこつはよくこねること。いつもよりちょっとだけ根気よく練ってみよう。とびきりおいしいモチモチ、シコシコはあなたのものだ。

**［上新粉］**　うるち米を乾燥させて粉にしたもので、もち米の粉に比べて粘りは少なめ。でもシコシコとした弾力があって、餅菓子や蒸し菓子、おまんじゅうの生地に加えたりと、用途が広い。よくこねて弾力を出して使うのがこつ。

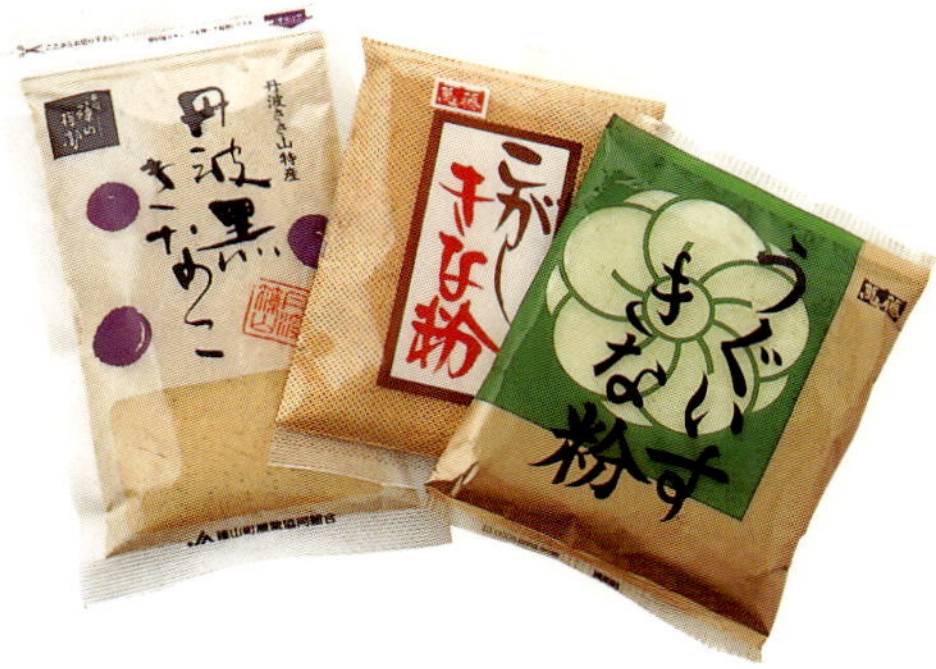


［きな粉］　大豆を煎ってこまかく挽いて粉にしたもの。きな粉が一種類だなんて思っていませんか？　青大豆のうぐいすきな粉は鮮やかな緑色だし、こがしきな粉は香ばしい香り、黒大豆（黒豆）のきな粉はブラウンのシックな色合いで、こくのある味になる。大豆はえらいのだ。

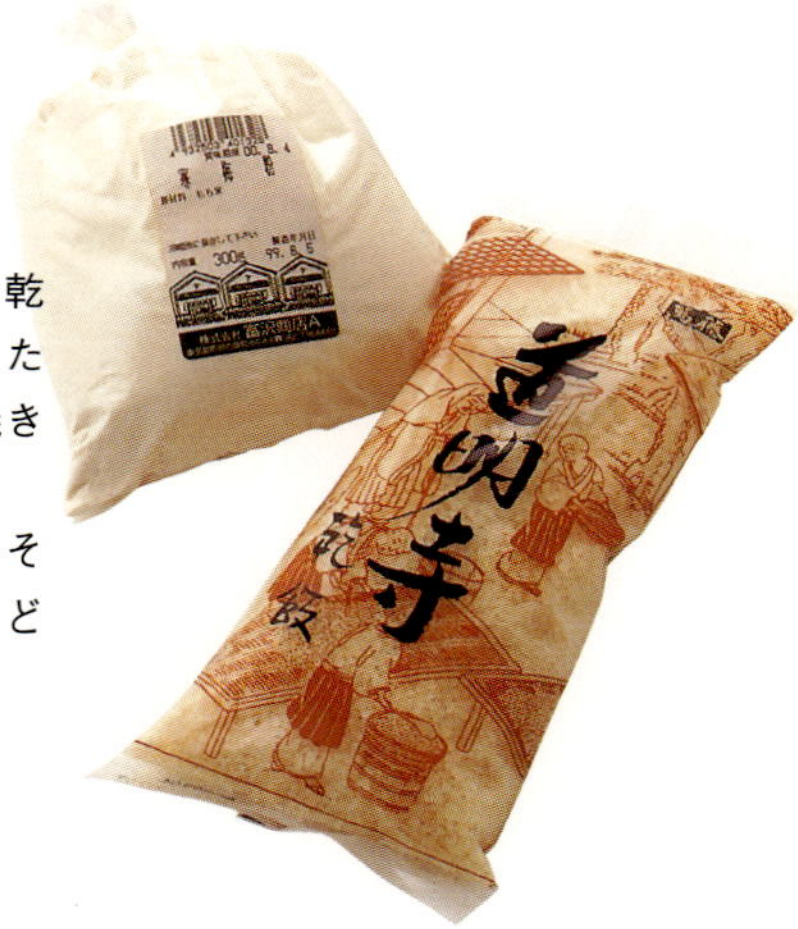


［寒梅粉］　みじん粉とも呼ばれ、もち米を蒸してから乾かして粉にしたもの。加熱したもの独特のからっとした軽さがある。そのせいか、軽く焼いて仕上げる黄身焼きや、火を通さずに作る落雁《らくがん》などにも使われる。

［道明寺粉］　もち米を蒸してから粒状に挽いたもの。その昔の保存食（または携帯食）が始まりらしい。なるほど粒状のせいか、食べごたえも見た目の存在感も十分。

［落花生粉］　ピーナッツをやや粗い粉末に加工したもの。製菓材料店などで扱っているが、自分でフードプロセッサーで砕いて粉にしてもいい。冷凍しておけるから、きな粉のように使ったり、お汁粉にふりかけたり、ピーナッツせんべいもおいしそう。

［麦こがし］　大麦を煎ってから粉にしたもの。落雁にしたり、そばがきのような食べ方もするらしい。なんとも地味な感じではあるけれど、香ばしくて懐かしく、けっこう奥深い風味。蒸し菓子生地に利用したり、白玉だんごに混ぜてもおいしい。

# ○おつかいもの

杉の柾目が美しい箱、形のバランスがいいブリキの箱、柄のきれいなしっかりした紙箱、そんな小箱にお菓子をきっちり詰めると、なんだか絵になる。ちょっと気のきいたおつかいものの風情。手作りの不揃いもすましして見えるから不思議だ。こういう控えめなものにはリボンや包み紙は不要。風呂敷にきゅっと包み、そっと持ってお届けしたくなる。

# 015
# ごまあんのふくさ

## ごまあんのふくさ

材料　十二個分
つぶあん　二五〇g
黒ごま　六〇g＋少々
はちみつ　小さじ一
木の芽　五〜六枚
サラダ油　適宜
皮
薄力粉　一〇〇g
白玉粉　二十五g
砂糖　二〇g
水　二七〇cc

1 黒ごま六〇gをすり鉢で粗くする。ボウルにつぶあん、すりごま、はちみつを入れ、木べらでよく練り合わせ、十二等分する。
2 皮を作る。ボウルに薄力粉、白玉粉、砂糖を入れ、水を少しずつ注ぎ入れながら泡立て器で混ぜて溶きのばす。白玉粉のかたまりをつぶしながらこす。
3 フライパンを弱火で温め、ごく薄くサラダ油をぬって軽くふき取る。2を玉杓子一杯分流し(イ)、玉杓子の底で丸くなでるようにして直径十二〜十三㎝にのばす(ロ)。火が通って透明感が出たら裏返し、数か所ふくらんできたらふきんの上に取り出す。同様にあと五枚焼く。さらに六枚は、フライパンに少量のごまを散らしてその上から生地を流し、あとは先ほどと同様に焼いてごま付き皮にする。
4 焼きあがった皮に1のごまあんをのせ、四角く包む。ごまなしの方には木の芽をのせる。

○桜餅の皮が好きだ。もちっとしてるのがいいところ。それをたくさん焼いてごま入りのあんを四角く包むと、控えめで品のいいお菓子になる。この皮作りは意外とやさしいし、つぶあんは市販のものを使うとお手軽だから、思い立ってすぐ取りかかれるお菓子とも言える。でも、焦らずていねいに。きれいに仕上げると一味違うものだから。香りのいい玄米茶をいれてどうぞ。

イ

ロ

## 016
# 麦しぐれ

## 麦しぐれ

材料　十五㎝角の枠型一台分
白あん　三〇〇g
麦こがし粉　四〇g
上新粉　二〇g
卵　L玉一個

準備　鍋に水をたっぷり入れ、蒸籠をのせて火にかける。型にオーブンペーパーを敷き込む。

1 ボウルに白あんを入れ、上新粉、溶き卵、麦こがし粉の順に、木べらで混ぜ込んでいく(イ)。そのつどよく混ぜ、完全になじませる(ロ)。

2 蒸籠を鍋からおろして型をのせ、1の生地を詰めてゴムべらでざっとならす(ハ)。強火で約三〇分蒸し、表面が乾いた感じになったら鍋からおろして型からはずし、ふきんをかけて冷ます。好みの大きさに切り分ける。

○白あんに黄身をたくさん混ぜて蒸したお菓子が黄身しぐれ。あずきのこしあんで作るしぐれ生地の一種もあり、こちらもおいしい。このお菓子は、素朴で懐かしい味の麦こがし粉を入れて蒸したので、麦しぐれと命名してみた。しっとりしていて、でも少しかための生地なので、手でぽこっと割れる。地味だなあ。でも風味はしっかりしているから、抹茶入りのお煎茶とあいそうだ。

イ

ロ

ハ

## ミントこはくかん

材料　二〇×三〇cmの角型一台分
糸寒天　一〇g
グラニュー糖　七〇〇g
ペパーミントの葉　二〇g
水　四〇〇cc

準備　糸寒天をたっぷりの水に半日以上つけてもどす。

1 鍋に分量の水と水気を絞った寒天を入れ、中火で完全に煮溶かす。グラニュー糖を加え、木べらで混ぜながら煮溶かし、煮立ったら白く浮くアクを取り、弱火にして約四十五分煮て火からおろす。

2 ボウルにミントを入れて熱湯一〇〇ccを注ぎ、泡立て器で葉をつぶすようにして押さえてからふたをし、三分ほど蒸らし、1の鍋にこし入れる。再び弱火にかけ、菜箸に寒天液をつけるとねっとりと糸を引く濃さまで煮詰める(イ)。熱いうちに型に流し入れ、固まるまでおく。

3 固まったこはくかんを型の中で切り分け、パレットナイフで取り出し(ロ)、オーブンペーパーの上に並べる(ハ)。そのまま半日以上乾かすと、表面の糖分が固まってできあがり。

○このお菓子を作るには、ちょっと根気が要る。そのわりに、できあがるのはシンプルこの上ない小さなゼリーだから、決して手軽とは言えない。ところが、時間をかけ手間をかけてできたものの、なんて美しいこと。そして不思議な軽さ。これは本当の気分転換、にいいかもしれない。

イ

ロ

ハ

## 017
# ミントこはくかん

018

# ピーナッツ餅

## ピーナッツ餅

材料　十二個分

求肥

- 白玉粉　一〇〇g
- 水　二〇〇cc
- グラニュー糖　一八〇g
- 水あめ　大さじ二

上新粉　大さじ一

ピーナッツ粉　約一五〇g

花豆の甘煮（33ページ。甘納豆や小さく丸めたあんこでもよい）　適宜

1 求肥を作る。白玉粉を鍋に入れ、水一〇〇ccを三分の一ずつ加えて混ぜる。そのつど手でよくこね合わせ（イ）、白玉粉のかたまりが残らないように注意する。残りの水を同じく三回くらいに分けて加えながら溶きのばす。これを弱火にかけ、木べらで絶えず底からすくうように混ぜながら火を通す（ロ）。ときどき周りに付いた生地を落とす。やや透明感が出てもったりしてきたら（ハ）、グラニュー糖を三、四回に分けて加え、混ぜ込む。前の分が完全に溶けてから次の分を加えること。つやのある生地に練りあがったら、水あめを加えて手早く混ぜ、火を止める。熱いうちにピーナッツ粉を六〇g混ぜ込む。

2 バットに上新粉とピーナッツ粉六〇gを入れてよく混ぜ合わせてひろげ、そこに1をあける。十二等分にちぎって平らに形を整え、花豆を一個はさんで二つ折りにする。ピーナッツ粉を少量ずつふりかける。

●お餅なくして和菓子は語れない。本当は何種類もの餅生地があるけれど、ひとつ試すなら求肥がいい。よく練った求肥にピーナッツ粉やきな粉をつけただけで、目からうろこが落ちるおいしさ。できたてのフレッシュさを味わえるのは作り手の特権だから、最初の一個はあなたが召しあがれ。

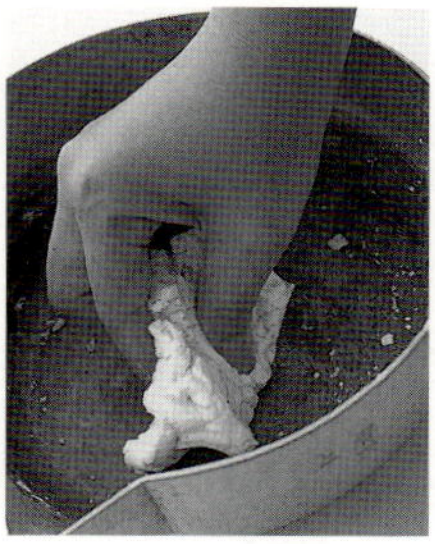

イ

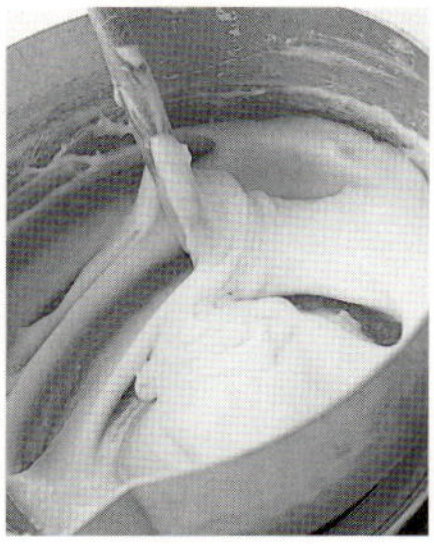

ロ

ハ

# 019
# ドライフルーツあんのバークッキー

## 020
# どら焼き
# オレンジとゆずの甘煮入り

# ドライフルーツあんのバークッキー

材料　十五×二〇㎝一枚分
干しプルーン　十二個
レーズン　六〇g
干しあんず　四個
つぶあん　八〇g
黒糖　四〇g

クッキー生地
薄力粉　一六〇g
グラニュー糖　四〇g
塩　一つまみ
卵　S玉一個
ごま油、サラダ油　各大さじ一

1 クッキー生地を作る。ボウルに薄力粉をふるい入れ、グラニュー糖と塩を加えて泡立て器でよく混ぜる。溶き卵に油を混ぜ入れ、これもボウルに加え、ゴムべらでざっと混ぜ、さらに手で全体がひとまとまりになってなじむまでこねる。二等分してラップフィルムに包んで冷蔵庫へ。2の作業の間、休ませておく。

2 種を抜いた干しプルーンと干しあんずをレーズンの大きさに揃えてきざみ、三種とも鍋に入れ、水六〇ccを加え、粉状にした黒糖も加える。弱火にかけてスプーンで混ぜながら煮詰め、水気がほぼとんだらつぶあんを加え、ざっと混ぜて火を止め、荒熱を取る。

3 オーブンを一八〇℃に温める。台に薄力粉(分量外)を薄くまき、1の生地の一つをのせてめん棒で十五×二〇㎝にのばし、オーブンペーパーを敷いた天板にのせる。生地の上に2のフルーツあんをぬりのばし、もう一つの生地も同じ大きさにのばしてあんの上からかぶせ、軽く押さえる。生地のところどころに竹串をさして穴を開け、オーブンへ。焼き色がつくまで二十五分ほど焼く。荒熱を取ってから切り分け、完全に冷ます。

●クッキーのような生地にあんこを入れると、たちまち駄菓子の風情。子供のころ、こんなお菓子があったような、なかったような。お土産にするときは、リボンはやめにして、気に入った箱にポンと入れるくらいがちょうどいい。ミルクにあうくせのない紅茶葉といっしょにお届けしよう。

## どら焼き オレンジとゆずの甘煮入り

材料 約十二個分
つぶあん 約三〇〇g
オレンジとゆずの甘煮（31ページ。市販のマーマレードでもよい） 約一〇〇g
サラダ油 適宜
薄力粉 一二〇g
グラニュー糖 八〇g
卵 L玉二個
はちみつ 大さじ一
ベーキングパウダー 小さじ二分の一
水 五〇cc

1 ボウルに卵を入れて泡立て器で軽く溶きほぐし、グラニュー糖を加えてやや白っぽくとろっとし始めるまで泡立てる（イ）。はちみつ、水大さじ一・五（分量外）で溶いたベーキングパウダー、水を加え、なじむまで混ぜ合わせる。最後に薄力粉をふるい入れ、ボウルの底から返すようにして手早く混ぜる。ラップフィルムをかけて三〇分ほど休ませる。

2 フライパンを弱火で温め、サラダ油を薄くぬって軽くふき取る。1の生地を玉杓子一杯分ずつ流し（ロ）、表面がぽつぽつと泡立って周りが乾いてきたら、裏返す。裏側は乾かす程度に一〇〜二〇秒焼き、二枚一組に合わせてふきんの上に取る。

3 二枚の間につぶあんと細切りにしたオレンジとゆずの甘煮を挟む（ハ）。金串の先を直火で焼き、どら焼きの表面に押しつけて焦がし、好みの模様をつける（ニ）。乾燥しないように一個ずつラップフィルムに包む。

○どら焼きの皮をまん丸に焼くのはむずかしそう？ 玉杓子を動かさないようにして生地を同じ位置に落とし続ければ、まあるくきれいにひろがるから、馴れるとくせになってくるはず。模様づけは、刺繍をするような、落書きをするような楽しみもあり、どこにもないどら焼きのできあがり。「オレンジ、ときどきゆず」、の味はあんこによくあう。玄米茶にもよくあう。

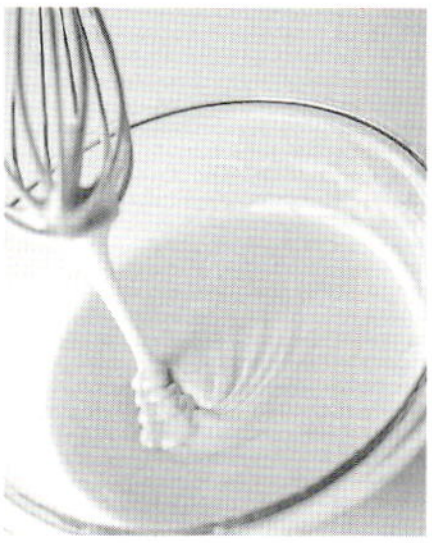
イ

ロ

ハ

ニ

## 021
# さつまいも茶巾

# 022
# 白みその蒸し菓子

## さつまいも茶巾

材料　十二個分
さつまいも　三〇〇g
白あん　一七〇g
塩味の蒸しあずき（市販・イ。ゆであずきでもよい）　四〇～五〇g

1 鍋に水をたっぷり入れ、蒸籠をのせて火にかける。さつまいもは皮が半分残るようにストライプ状にむく。一・五cm角のさいころ状に切って水にさらし、水気をきって蒸籠に入れ、やわらかくなるまで一〇分ほど蒸す。熱いうちにボウルに取り、すりこぎやポテトマッシャーでまんべんなくつぶす。

2 1の荒熱が取れたら、白あんを加えて木べらでよく混ぜ合わせる。重さを計って十二等分し、軽く丸めてラップフィルムにのせ、蒸しあずきを一個につき四、五粒入れながら茶巾絞りにしていく（ロ）。

○おいもを茶巾絞りにするだけで、絵になり、和菓子になり、お茶の時間になる。まずは何かひとつ作ってみたいという人には、茶巾絞りがおすすめ。大きさも形も自由自在だから、あなたなりの、私なりのお菓子ができあがる。おつかいものにだって気軽に使える。これを作ると、形がかわいいなあ、ゆっくりお茶を飲みたいなあ、という気分になる。

イ

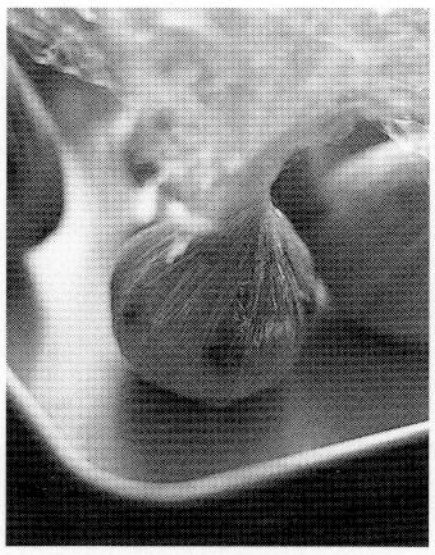
ロ

# 白みその蒸し菓子

材料　二〇㎝角の枠型一台分
白みそ　七〇g
卵　L玉三個
グラニュー糖　一〇〇g
黒糖　四〇g
水あめ　五〇g
薄力粉　一六〇g
ベーキングパウダー　小さじ二分の一
黒ごま　大さじ一

準備　鍋に水をたっぷり入れ、蒸籠をのせて火にかける。型にオーブンペーパーを敷き込む。卵を卵黄と卵白に分ける。薄力粉とベーキングパウダーを合わせてふるう。

1 ボウルに白みそ、グラニュー糖の半量、黒糖、卵黄、水あめを入れ、木べらでまんべんなく混ぜる。

2 乾いたボウルに卵白を入れ、残りのグラニュー糖を三、四回に分けて加えながら泡立て、しっかりしたメレンゲを作る。

3 1にふるった粉を加え、粉気がなくなるまでよく混ぜ、2のメレンゲを二回に分けて混ぜ込む。蒸籠を鍋からおろし、型をのせて生地を流す(イ)。蒸籠を台にトントンと打ちつけて生地中の空気を抜き、表面をへらでならす(ロ)。鍋にのせ、ふたをずらしてかぶせて十五分蒸し、ふたを閉じて二〇分ほど蒸す。竹串をさして生地が付かなければ蒸しあがり。型からはずし、ケーキラックにのせて荒熱を取る(ハ)。

4 フライパンを弱火で温め、黒ごまを散らし入れる。3のオーブンペーパーをはがし、上面が乾いていたら刷毛で軽く水をぬり、その面を下にしてフライパンに入れ、へらなどで押さえて焼き色をつける(ニ)。完全に冷ましてから切り分ける。

●大ぶりに作った食べごたえのあるお菓子は用途が広い。おやつに食べて、でも朝もちょっと食べちゃおうかな、と思う。大きいから半分だけおすそ分けしてもケチくさくない。みそ味?と思うかもしれないけれど、バター味でもチョコレート味でもない、こんなのもたまにはいいか。お茶にあうしね。もっと食べる?　たくさんあるからね——そんなお菓子。

イ

ロ

ハ

ニ

## 023
# みそ丸

# 024
# 柿蒸しようかん

## みそ丸

材料　約三〇個分
白みそ、赤みそ　各三十五g
薄力粉　二〇〇g
ベーキングパウダー　小さじ二分の一
グラニュー糖　八〇g
黒糖　六〇g
水あめ　大さじ一
粉砂糖　大さじ三

1 ボウルにグラニュー糖と砕いて粉状にした黒糖を入れて混ぜ合わせ、二種のみそを加える(イ)。木べらでよくすり混ぜ、水あめを加え、水五〇ccで溶いたベーキングパウダーも加えてよく混ぜる。さらに薄力粉をふるい入れ(ロ)、粉気がなくなるまで混ぜ合わせる(ハ)。ビニール袋に入れて冷蔵庫で三〇分ほど休ませる。

2 オーブンを一九〇℃に温め、天板にオーブンペーパーを敷く。1の生地を三〇等分して直径約三cmに平たく丸め(ニ)、間隔をあけて天板に並べてオーブンへ。十三〜十五分ほど焼いて茶色く焼き色がついたら、取り出してケーキラックなどにのせて冷ます。

3 ボウルに粉砂糖と水小さじ二を入れて練り合わせ、アイシングを作る。オーブンペーパーを円錐形に丸めてアイシングを入れ、先端を切り、2の上に好きな模様を絞り出す。そのまま固まるまでおく。

○みそ味で丸いから、みそ丸と命名してみた。どんなに気取ろうと、おみそが入るとすましても無駄、急に身近な味わいになるのが不思議だ。妙な親近感と素朴さと、懐かしさも少し。小さくつるっとしたところに、アイシングで甘さと、ついでに表情の変化もつける。

イ

ロ

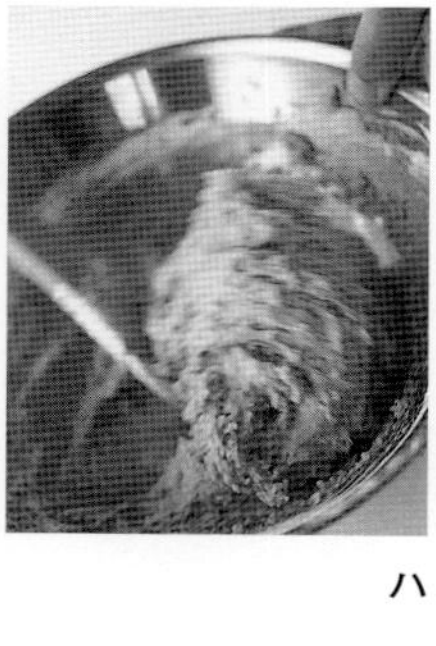
ハ

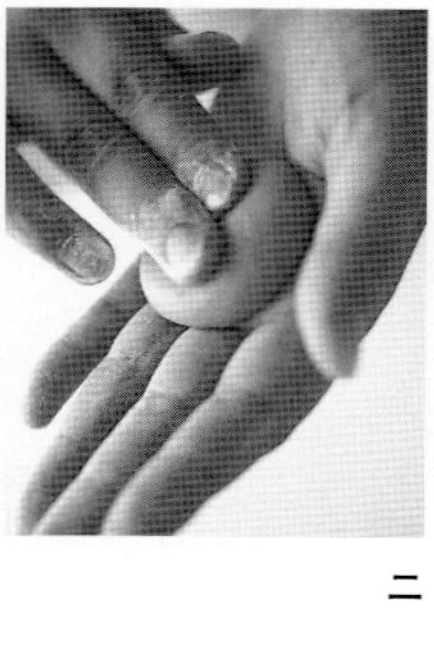
ニ

## 柿蒸しようかん

材料　棒状一本＋のし板状一枚分
つぶあん　三五〇g
薄力粉　三〇g
片栗粉　七g
グラニュー糖　三〇g
塩　一つまみ
ぬるま湯　約五〇cc
干柿　小さめ三個
竹の皮　大一枚、小二枚

準備　鍋にたっぷり水を入れ、蒸籠をのせて火にかける。竹の皮をぬるま湯にくぐらせ、軽く水気を拭き取る。干柿のへたを切り落とし、縦四等分に切る。薄力粉と片栗粉を合わせてふるう。

1 ボウルにつぶあん、グラニュー糖、塩を入れて木べらでよく混ぜ合わせる。ふるった粉を入れて粉気がなくなるまで混ぜたら、ぬるま湯を加えてマッシュポテトぐらいのかたさに調節する。

2［のし板状］小さい竹皮一枚を台の上に横長に置き、1の四分の一量をのせて長さ二〇㎝ほどに薄くのばす（皮の左右両端は折り込み用に残しておく）。その上に干柿を少しずつ重ねながら一列に並べ、さらにその上に1の四分の一量をぬりのばし、もう一枚の竹皮をかぶせて軽く押さえ、両端を下に折り込む。

3［棒状］大きい竹皮を台の上に横長に置き、残りの1を長さ二〇㎝、皮幅の三分の二くらいの太さにひろげる。上に干柿を並べ、棒状に巻く。中央を輪ゴムでとめ、両端をたこ糸などでぎゅっとくくり、余分な端を切り落とし、輪ゴムをはずす。

4 2と3を蒸籠に並べ入れ、強火で三〇分蒸し、完全に冷ましてから切り分ける。

○明日おつかいものが必要、というときには、蒸しようかんを作ろう。あんのかたさ加減、竹皮の端をしっかり閉じる、よく冷ます、を気をつければそんなにむずかしくない。ぬるま湯の量はつぶあんのかたさによって変わるから、マッシュポテトを思い浮かべながら調節するといい。枠型に流して蒸してもいいけれど、ここはひとつ竹の皮で。食べるときはもちろん皮ごと切るのがお約束だ。

## 025
## こがしきな粉のすはま
## 山椒せんべい

## こがしきな粉のすはま

1 こがしきな粉二〇〇gと和三盆糖七〇gをボウルに入れて、泡立て器でよく混ぜる。水あめ三〇gを加えて木べらで混ぜ合わせ、さらに約七〇gを様子をみながら少しずつ加えていく。ちぎってみて手で形作れる程度のかたさになればよい。

2 こがしきな粉五〇gと和三盆糖三〇gを混ぜ合わせ、バットにひろげる。1を小さく丸めて順にバットに入れ、ころがして粉をまぶす。好みの菓子型で形作り、余分な粉を刷毛ではらう。

## 山椒せんべい

材料　約六〇枚
薄力粉　六〇g
グラニュー糖　八〇g
卵　L玉一個
卵黄　一個分
赤みそ　大さじ一
サラダ油　大さじ二
山椒の粉　約小さじ二
粉砂糖　大さじ一

1 ボウルに薄力粉とグラニュー糖を入れ、卵と卵黄を溶き合わせて加え(イ)、赤みそも加えて溶きほぐしながら混ぜる。最後にサラダ油を混ぜ込んでなめらかな生地に仕上げる。

2 フライパンを弱火で温め、サラダ油を薄くぬって軽くふき取る。1をティースプーンですくって落とし、スプーンの背で丸く広げ(ロ)、山椒の粉を少しずつふりかける。弱火のまま生地を乾かすように一〜二分焼き、裏返して同様に焼く。

3 2が熱いうちに折り曲げ、ケーキラックなどに挟んで固定して冷ます(ハ)。

4 粉砂糖を小さじ二分の一程度の水でよく溶き、3の半量に刷毛でぬり、乾かす。

○旅先で小さな干菓子用の型を見つけて貝の形を買って帰った。また同じ店に寄り道しておかめさんと撫子を買った。ついまた瓢箪を・・それをすはまに使ってみた。すはま(洲浜)とは、本来浅く煎った大豆粉で作る豆の味の濃いお菓子。こがしきな粉で作ると、さしずめ日焼けしたわんぱくなプチフールってところ。くにゃっと折り曲げた小さなおせんべいは、ぴりっと山椒をきかせた甘いみそ味。うす甘いおせんべいを焼きたての熱いうちに巻いたり、折り曲げたり、おみくじを入れたり——洋の東西を問わず、人の考えることはどこか似ている。

イ

ロ

ハ

## 黒豆きな粉餅

材料　約二〇個分
黒豆きな粉　八〇g
和三盆糖　四〇g
砂糖　五〇g
求肥
　白玉粉　四〇g
　水　八〇cc
　グラニュー糖　八〇g
　水あめ　大さじ一強
きな粉　約五〇g
シナモンパウダー　小さじ二分の一

1 49ページの1を参照して求肥を作る。
2 ボウルに黒豆きな粉、和三盆糖、砂糖を入れて泡立て器でよく混ぜる。1の求肥を加え(イ)、求肥の中に粉をたたみこむようにして混ぜ込み、全体をなじませる(ロ)。
3 きな粉とシナモンパウダーを混ぜ合わせてバットにひろげる。2をひと口大に丸めてバットに入れ(ハ)、ころがして粉をまぶす(ニ)。

○ここでも求肥が〝もちもち〟の決め手となる。きな粉を思いっきりまぶすと、まるでチョコレートのトリュフのようだけれど、中身はよく煎られた黒豆きな粉の風味。形は自在に作れるので、串刺しにしようとおはぎ型にしようと構わないのだが、すっきり丸く、シンプルが一番。

イ

ロ

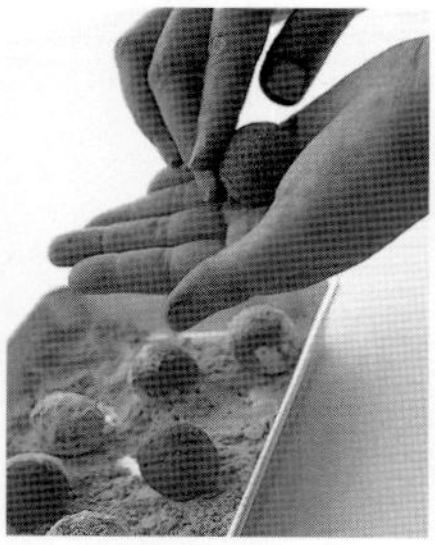
ハ

ニ

# 026
# 黒豆きな粉餅

# ○あんこ

和菓子を食べたい、作りたいと思ったら、まずはあんこを煮てみよう。丸めてぽんと器に盛るだけで、もうそれは完成された和菓子になっている(すごい!)。水を加えてとろりとのばせば、あっという間にお汁粉(便利!)。そして、いつしかあんこのストックが欠かせなくなるはず(私のように)。あずきと砂糖だけでできたこの甘いペーストは、姿を変えながらあちこちで今日も和菓子を支えているのね。

# 小噺○その2
# あんこ

あんこは「和菓子の素」、そして「和菓子のすべて」。日本のお菓子は何しろあんこがなくちゃ始まらないのだ。

あんこを手作りするならどんなタイプがいいか？　ゆであずきとこしあんのちょうど中間くらいの、皮も残したつぶあんはどうでしょう。自分で作ると一味違う。せっかく作るのなら多めに煮て、小分けにして冷凍しておくと便利。白あんにしたければ、花豆や白いんげんを使います（32ページ・花豆の甘煮）。

## 手作りあんこ
## ——万能つぶあん

材料　約七〇〇g分
あずき　三〇〇g
グラニュー糖　二二〇g
和三盆糖　五〇g

市販のあんこも缶詰や袋入りなどさまざまあるから、これらを利用すればさらに気軽に和菓子作りに取りかかれる。練りあんや小倉あんはそのまますぐに使えるし、粉状のさらしあんなら、砂糖と水を加えて加熱しながらよく練って、十分に水を吸わせてから使います。

イ

準備　あずきを洗ってごみなどの不純物を取り除く。

1 あずきを鍋に入れて水を注ぐ。豆がすっかりかぶって余りあるくらいたっぷりと(イ)。中火にかけ、煮立ってきたら水を差して一度水温を下げ、また煮立てる。これを三回ほど繰り返して皮がのびてきたら、ざるにあげて水気をきる(ロ)。

2 鍋に豆を戻してたっぷり水を注ぎ(ハ)、強めの中火にかけ、火が通ってきたら弱火にする。途中、豆がゆで汁から出ないように適宜水を補いながらやわらかくなるまでゆでる(ニ)。

3 ゆであがったら軽く汁気をきってフードプロセッサーに入れ、粒が目立たなくなるまで回す(ホ)。

4 鍋に移し、グラニュー糖と和三盆糖を加えて弱火にかける。木べらでたえず混ぜながら、つやが出てねっとりするまで煮る(ヘ)。小分けにして冷ましてから冷蔵、あるいは冷凍保存する。使うときは、もう一度弱火にかけて練って水分をとばし、用途に応じたかたさに調節する。

[おまけの蜜煮] ゆであがった2の豆を二等分し、片方は3、4の順番通りに作って万能あんこにし、残りを蜜煮にしておくとゆであずきとして使えて重宝する。蜜煮の作り方は、六〇〇ccの水にグラニュー糖一一〇gと和三盆糖五〇gを加えて二〇分弱火で煮詰め、ゆであがったあずきを汁気をきって入れ、一〇分煮て火を止め、一晩漬けて蜜を含ませる。冷蔵・冷凍保存する。

○豆を"甘く"煮るのはアジアの文化。西洋料理圏の人たちには、「信じられない!」ことらしい。でも、組み立て方次第ではないかな。わかる人にはわかる、このおいしさが理解されないわけない、と私は思う。ＳＵＳＨＩ、ＴＯＦＵに続く国際的食材として、あんこの将来性を感じるのだ。なんて言いたくなるのはどうしてだろう?　あんこに魅入られたってことかもしれない。

ロ

ハ

ニ

ホ

ヘ

027

# 黒糖あんの葛焼き

# 黒糖あんの葛焼き

材料　二〇cm角の枠型一台分
黒糖　一〇〇g
砂糖　一〇〇g
葛粉　一〇〇g
つぶあん　一〇〇g
水　四〇〇cc
片栗粉　適宜

準備　鍋に水をたっぷり入れ、蒸籠をのせて火にかける。型にオーブンペーパーを敷き込む。

1 鍋に水、葛粉、砂糖を入れて混ぜ、黒糖をふるいを通してつぶしながら溶き入れる(イ)。つぶあんも加えて木べらで混ぜ合わせる。弱火にかけて、鍋底をこするようにして練りながら火を通し、どろっと固まってきたら火からおろす(ロ)。

2 蒸籠を鍋からおろし、型を置いて1を流し入れる。表面をへらでざっとならし、強火で二〇分蒸す。完全に冷ましてから紙をはがし、五cm角に切り分ける。

3 フライパンを弱めの中火で温める。2の全面に片栗粉をまぶしつけ、余分な粉を刷毛で落としてフライパンに並べ入れる。こんがりと焼き色がついたら裏返し(ハ)、同様に焼いてケーキラックなどにのせて冷ます。

○上品な葛焼きは、仕上げの焼きを強く入れない。片栗粉が葛をうっすらとおおう程度に軽く焼くものも多いけれど、こんなふうにこんがりと焼いた風味は、焼き大福にも似て、なんとも香ばしい。焼きたてのあつあつは、冬の葛焼きとも言えるかも。おつかいものにするときは、焼いて食べてね、とひと言添えよう。

イ

ロ

ハ

## 028
## 塩桜のみぞれとゆであずき

イ

ロ

ハ

## 塩桜のみぞれとゆであずき

材料　五〜六人分
桜花の塩漬け(市販・イ)　一〇輪
グラニュー糖　一〇〇g
水　八〇〇cc
ゆであずき　約二五〇g

1 鍋に水とグラニュー糖を入れ、中火にかけて煮溶かし、冷ましておく。桜花の塩漬けを水につけて振り洗いして軽く塩を落とし、花以外の部分(枝やがく)を取り除く。

2 冷めたシロップに桜花を入れ、軽く混ぜてバットに流し、冷凍庫へ。一時間半〜二時間後に取り出し、スプーンでざっとかき混ぜ、もう一度冷やし固める。スプーンで砕ける程度のかたさに凍ったら砕き(ロ)、ゆであずきとともによそう(ハ)。

○染井吉野や八重桜、塩漬けにした桜はきれいでおいしい。凍らせてみぞれにすると、色も褪せずにそのまま残るし、あずきのしっかりした甘みと合わせると、香りと塩気が生きて(あんパンの塩桜みたいに)、おいしいお花見って感じになる。そしておめでたい雰囲気も出るのだ。

## 道明寺餅のお汁粉

材料　四〜五人分
こしあん　三〇〇g
道明寺粉　一〇〇g
グラニュー糖　五〇g
塩　一つまみ
抹茶　約大さじ一

準備　鍋に水をたっぷり入れ、蒸籠をのせて火にかける。

1 道明寺粉に同量の水を加えて箸でざっと混ぜ、水を吸わせる（イ）。蒸籠を鍋からおろし、かたく絞ったぬれぶきんかガーゼを敷いて道明寺粉をひろげ入れて十五分蒸し（ロ）、ボウルにあける。蒸籠は再度使うので、水を足して火にかけておく。

2 1にグラニュー糖と塩を加えて木べらでよく混ぜ、荒熱を取る。十二等分して丸め（ハ）、ふきんを敷いた蒸籠に並べ入れ、五〜六分蒸す。

3 2を蒸している間に、鍋にこしあんを入れ、水三〇〇ccを二、三回に分けて注いで溶き、温める。器によそい分け、蒸しあがった道明寺餅を入れ、濃いめに水溶きした抹茶をかける。

○道明寺餅のお汁粉は、焼き餅のお汁粉よりやさしい味がする。そして、こしあんがお似合い。桜餅や椿餅とは違ったおいしさになるのも不思議。こんなときは、全部がやさしげでなめらかなのがいい。舌ざわりよく、おだやかな味に仕上げて、量もほどほどに。

イ

ロ

ハ

029

# 道明寺餅のお汁粉

# 030
# シノワまんじゅう

# シノワまんじゅう

材料　十六個分

あん
- 白あん　一〇〇g
- 松の実　十五g
- 煎りごま　十五g
- はちみつ　大さじ一
- 甘納豆　六〇g
- アーモンドパウダー　大さじ一

皮
- 強力粉、薄力粉　各一〇〇g
- ベーキングパウダー　小さじ二分の一
- グラニュー糖　五〇g
- 水あめ　大さじ一
- サラダ油　大さじ二
- 牛乳　大さじ二
- みりん　小さじ一

1 鍋にあんの材料を入れて弱火にかける。焦げないように木べらで鍋底から混ぜながら、全体がよくなじむまで二分ほど練る。冷ましておく。

2 強力粉、薄力粉、ベーキングパウダーを合わせてボウルにふるい入れる。小鍋にグラニュー糖と水あめ、水大さじ一を入れて中火にかける。煮立ってきたら少し火を弱め、茶色く焦げるまで煮詰める(キャラメルソースの要領で)。色が濃くなってきたら、火からはずして熱湯五〇ccを少しずつ注ぎ入れる。弱火に戻し、揺すって全体をなじませ、サラダ油を加える。これを粉のボウルに加え(イ)、練り合わせてひとまとめにする(生地がかたければ、サラダ油を少し足して調節する)。

3 オーブンを一七〇℃に温め、天板にオーブンペーパーを敷く。1のあんと2の皮をそれぞれ十六等分し、丸める。皮を平らに押しつぶし、縁は指先でつまんでさらに薄くする。まん中にあんをのせ(ロ)、周りから皮を寄せて閉じ(ハ二)、閉じ目をしっかりつまんでから(ホ)、平らな丸形、角形など、好みの形に整える。天板に並べ、竹串を押しつけて筋をつける。牛乳とみりんを混ぜて刷毛でぬる(ヘ)。オーブンに入れて薄く焼き色がつくまで十三〜十五分焼く。荒熱が取れたらビニール袋に入れて冷めるまでおく。

○この焼き菓子は、中国の月餅に敬意を表して作ってみた。焼きたてはかちかちだけど、ビニール袋に入れて密封しておくと、冷めたころには湿気がもどってしっとりおいしくなる。空気が乾燥しているときには一晩おくとちょうどいいくらい。

イ

ロ

ハ

ニ

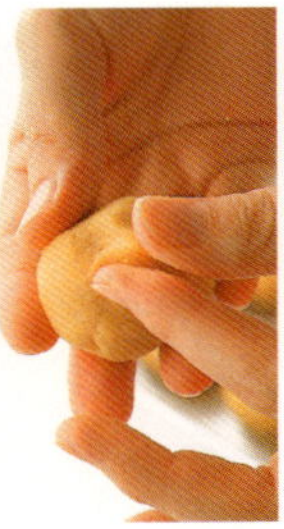
ホ

ヘ

## 031
# よもぎ餅のあん包み

## よもぎ餅のあん包み

材料　十二個分
薄力粉　一五〇g
白玉粉　四〇g
よもぎ粉　六g
グラニュー糖　三〇g
水　三〇〇cc
こしあん　三〇〇g
サラダ油　適宜

1 ボウルに薄力粉、よもぎ粉、グラニュー糖を入れてよく混ぜる。白玉粉に分量の水を少しずつ注いで溶きのばし、残ったダマをつぶしながらこす。これを先ほどのボウルに加え、泡立て器でむらなく混ぜる(イ)。

2 フライパンを弱火で温め、薄く油をぬって軽くふき取る。1を玉杓子一杯分流し(ロ)、杓子の底でなでるようにして直径十三cmほどにひろげる(ハ)。火が通って透明感が出たら裏返し、ところどころふくらんで、焦げ目がつき始めたらふきんの上に取る。同様に十二枚焼き、すべて冷ます。

3 こしあんを十二等分し、2の上に横長にのせて巻く(ニ)。

●あんこは市販の気に入ったものを使い、薄いクレープのようなよもぎ餅をていねいに作る、ということにしてみては?　あんこは手作りに越したことはないが、思い立ってすぐに作れるのがこのお菓子のいいところだから。それに、もちもちの皮が決め手とも言えるから、皮作りに力を入れよう。おいしいおまけをひとつ。よもぎ粉の代わりにいちごを七、八粒裏ごしして生地に混ぜると、いちご餅になる(水の分量は約二〇〇ccに減らして)。

イ

ロ

ハ

ニ

## 032
# 干柿のシナモンあん巻き

# 干柿のシナモンあん巻き

材料　四個分
干柿　四個
つぶあん　約一五〇g
シナモンパウダー　小さじ二分の一

準備　つぶあんがやわらかければ、小鍋に入れて弱火にかけ、木べらで混ぜながら水分をとばし、冷ましておく。手でつまみとれるくらいのかたさになっていればよい。

1 つぶあんにシナモンを加えてなじむまでよく混ぜ、四等分する。

2 干柿にナイフを入れて横長の一枚に切り開き、内側にあんをぬり、端から巻く。ラップフィルムでぴっちり包み、しばらくおいて干柿とあんをなじませる。食べやすい大きさに切り分ける。

●干柿はじつはそれだけで和菓子なのだ。そこにあんことシナモンを足すと、なんだかエキゾチックな味になる。スパイスはその昔、薬やお清めにも使われた貴重なものだったらしいが、そんなことを抜きにしても、ドライフルーツとシナモンと甘い豆のクリーム（あんこ）は、相性がいいのだ。このお菓子はほんとにかんたん、でも干柿のおいしい季節に限る。

# 033
# そばまんじゅう

# 034
# くるみあんの砂糖がけ

## そばまんじゅう

材料　十二個分
薄力粉　一五〇g＋適宜
そば粉　五〇g
グラニュー糖　一二〇g
黒糖　二〇g
ベーキングパウダー　小さじ一
つぶあん　約五〇〇g

準備　つぶあんがやわらかければ、鍋に入れて弱火にかけ、木べらで混ぜながら水分をとばし、冷ましておく。手で丸められるくらいのかたさになっていればよい。

1 鍋にグラニュー糖、黒糖、水八〇ccを入れ、弱火で煮溶かし、こす。荒熱が取れたら水小さじ二で溶いたベーキングパウダーを加える。

2 薄力粉とそば粉を合わせてボウルにふるい入れ、1を注ぎ入れてゴムべらで手早く混ぜ合わせ、ひとまとめにする。薄力粉を薄くふった台に取り出し、軽くまとめてから十二等分し、丸める。

3 鍋に水をたっぷり入れ、蒸籠をのせて火にかける。つぶあんを十二等分して丸める。2の皮を平らに押しつぶし、縁は指先でつまんでさらに薄くする。まん中にあんをのせ、77ページの写真の要領で包み、俵形（丸形でもよい）に整える。

4 蒸籠を鍋からおろし、かたく絞ったぬれぶきんを敷き、3を並べ入れる。菜箸の頭でちょんちょんと押して模様をつけ、霧をまんべんなく吹きかけて、強火で一〇分蒸す。ケーキクーラーなどにのせて冷ます。

●おまんじゅうは一番手軽なお菓子なんだけど、作るのはそう手軽でもない。ただ、皮であんこを包むという行為は、やってみるときっとおもしろい。愛嬌のある模様をつけて、そば粉で香りもよくすれば、手作りならではの色と形になる。そして、できたての温かいうちに食べる楽しみも待っているというわけ。

## くるみあんの砂糖がけ

材料　約二〇個分
こしあん　二〇〇g
くるみ　三〇g
青ゆずの皮　約三分の一個分
粉砂糖　約一〇〇g
卵白　一個分

準備　オーブンを一二〇℃に温め、天板にオーブンペーパーを敷く。

1 くるみは大きめのかたまりを一〇片選び、残りは粗みじん切りにする。こしあんに粗みじんのくるみを混ぜ、二〇等分して丸め、天板に並べてオーブンへ。五分焼いたら熱源を消し、そのまま庫内に三〇分置いて軽く乾かす。

2 粉砂糖をボウルに入れ、よく溶きほぐした卵白を少しずつ加え、とろっとするまで練り合わせてアイシングを作る。青ゆずの皮はすりおろす。1のくるみあん玉をアイシングにくぐらせ、竹串で刺してケーキクーラーなどに取り出す。アイシングが固まる前に、半量には大きなくるみをのせてさらに少量のアイシングをスプーンでかけ、残りにはゆず皮をふる。アイシングがしっかり固まるまでおく。

○中央に並べたのは、オレンジとゆずの甘煮（30ページ）を小さく切って、このくるみあん玉のように低温のオーブンで乾かし、けしの実と和三盆糖をつけたもの。市販のオレンジピールを使ってもいい。形を整えると、突然和風になるからあんこと並べてもぴったり。あん玉のほうは、アイシングをかけて小さなお菓子にしてみた。もっと濃いすり蜜をかける石衣という和菓子があるけれど、こっちのほうがあんこの味がよりストレート。

## 小噺○その3
# 甘い材料

あんこ、お汁粉、黒豆の蜜煮など、和菓子は材料が単純なだけに、どんな種類の甘みを使ったかが味にストレートに出る。だからこそ自分の好みの甘みを反映させられるわけで、こんなふうに甘み作りにこだわれるのも和菓子ならではかな、と思う。

組み立て方としては、まずはどんな甘みが好きかでベースを決めればいいのでは？私の場合、一番使用頻度の高いのがグラニュー糖。上白糖よりもややすっきりした甘さに仕上がるような・・・。黒糖や和三盆糖は、もうちょっと存在感があって個性的。これらも上手に生かしたいもの。たとえばあんこを煮るとき、グラニュー糖をベースにして、アクセントとして黒糖を足してみる。するとあんこに一味加わって、少し深みが出る。また、さっぱりした寒天のお菓子に、主張のある和三盆糖シロップをかけて、なんていうのもおいしい使い方。

質感作りに効果を発揮するものもある。

［黒糖］ ごろごろしたかたまりは溶けずに残ってしまうので、つぶして粉状にして使う。私は味としては黒糖が一番好きなので、つい多用しそうになるのだけれど、これを加えると強さと素朴さが必ず加わるから、量には注意。多すぎるとくどさが先に立ってしまう。この味が生きるのは、くせのないグラニュー糖の甘さがあってこそ。併用して工夫を。ただし和三盆糖を合わせたりすると、両方のよさを生かすのは難しい。欲ばりは禁物。

とろりとした水あめやはちみつがそう。少量加えるだけで、しっとり、とか、ねっちり、などの独特の食感を生み出してくれる。

[和三盆糖] 効き目があるなあ、と感じているのがこれ。品のある穏やかな色と香りで、砂糖のなかでは高級品。けっこうあくも強いので、ポイントとして生かす使い方がいい。あんこを煮るときに一味加えたり、生地に深みを出したり、シロップに仕立てたり・・・甘みの世界がもう一歩ひろがる感じ。

[水あめ] 甘みづけのためというよりも、お菓子のやわらかさを保ったり、糖分の結晶化を防ぐなど、質感作りで重要な役割をはたす材料。似たような性質を持つものにはちみつがあるけれど、こちらは意外と味に主張があるから、れんげやアカシアなどのさっぱりしたタイプを使うといい。

# おやつ

おやつは気軽で手軽が一番。食べたいときにすぐ作れるもの——それはできたてを食べる楽しみ。作り置きできるもの——それは常備菜のように安心ないつもの定番。食べたくなったらすぐ始められるように、ちょっとした材料を常備しておこう。まず白玉粉、黒みつやごま、きな粉に、それからやっぱりあんこ。それだけあれば、いつでもおやつの時間を始められる。

## 035
# ビスケットまんじゅう

## ビスケットまんじゅう

材料　十二個分
つぶあん　約二四〇g
煎り白ごま　約四〇g
ビスケット生地
薄力粉　一六〇g
グラニュー糖　七〇g
卵　L玉一個
しょうがのすりおろし　小さじ二分の一

1 ボウルに薄力粉をふるい入れ、グラニュー糖を加えて泡立て器で混ぜ合わせる。卵を溶きほぐしてしょうがを混ぜ、粉のボウルに加えてゴムべらで粉気がなくなるまで混ぜ合わせ、ひとまとめにする。

2 平皿にごまを入れる。つぶあんを十二等分する。1も十二等分し、丸めてから平らに押しつぶし、さらに指先でつまんで薄くのばす。まん中にあんをのせ、生地を周りから寄せるようにして（イ）閉じ、閉じ目をしっかりつまみ、ごまの皿に入れる。手でつぶすように押さえてしっかりとごまをつけ、裏返して同様にする（ロ）。

3 フライパンを弱火にかけて温め、2を並べ入れ、さらに手でつぶして薄くする（ハ）。軽く焦げ目がついたら裏返し、同様に焦げ目をつける。

○これはあんこを包むのが苦手なひとでも安心な、とっても気楽に作れるぺったんこなお菓子。少しくらいあんこが端に寄ろうと皮の厚みが片寄ろうと気にしない。どうせつぶしてしまうんだもの。ただし、ごまはたっぷりていねいにつけること。

イ

ロ

ハ

## 036
# ピーナッツかりんとう



かりかり、ぽりぽり、かりかり・・・

## ピーナッツかりんとう

材料　作りやすい分量
薄力粉　一二〇g
ピーナッツ粉　五〇g
卵　一個
グラニュー糖　大さじ一
揚げ油　適宜
塩　一つまみ
シロップ
［グラニュー糖　八〇g
　水　大さじ三

1 ボウルに卵とグラニュー糖を入れて箸で溶きほぐして混ぜる。薄力粉をふるい入れ、ピーナッツ粉も加え、ピーナッツの塩気に応じて好みで塩少々を加え、ゴムべらで軽くこねてひとまとめにする。

2 1の半量を薄力粉を薄くふった台に取り出し（残り半分はラップフィルムに包んでおく）、めん棒で厚さ三〜四㎜にのばし、幅一㎝×長さ三〜四㎝に切り揃える（イ）。残りの生地も同様に切る。

3 フライパンに油を一・五〜二㎝の深さに入れ、熱する。生地の切れ端を入れてみて、すぐにこまかい泡が出るようなら、2を三回ぐらいに分けてこんがり揚げる（ロ）。キッチンペーパーに取って油をきる。

4 鍋にグラニュー糖と水を入れ、弱めの中火で煮溶かしてシロップを作る。全体に大きな泡が立って、揺すると少し粘りが出ているようなら、油をきった3を入れて木べらで混ぜながらからめる。シロップが白く固まって乾いてきたら（ハ）、かたまりができないように手早くからめ、オーブンペーパーなどの上に取って冷ます。

○かりんとうといっても、これは軽いピーナッツ味の揚げ菓子。ピーナッツの香ばしさのせいか、それともシロップをからめるせいか、油っぽくもくどくもない控えめな味。たくさん作っても、ぽりぽりすぐになくなりそう。わざと形を不揃いにしてもおもしろい。

イ

ロ

ハ

## 栗の黄身焼き

材料　約十二個分

栗の甘露煮や蜜煮（市販）　大六個

白あん　三〇〇g

寒梅粉　二十五g

卵黄　二個

みりん　小さじ一

日本酒　大さじ二

栗甘露煮のシロップ　大さじ一

1 栗の甘露煮を粗みじんに切る。ボウルに白あんを入れ、寒梅粉を加えて木べらで練り合わせる（イ）。よくなじんだら、卵黄とみりんを加えてよく混ぜる。ちょっとのびるような弾力のある生地になる（ロ）。さらに栗も混ぜる（ハ）。

2 オーブンを二二〇℃に温め、天板を二枚重ねて（このお菓子は底が焦げやすいから）オーブンペーパーを敷いておく。1を十二等分して丸め、平らにつぶして天板に並べる。日本酒と甘露煮のシロップを混ぜたものを刷毛でぬり、オーブンへ。約十二分焼いてこんがり焼き色がついたら、取り出してケーキラックにのせて冷ます。荒熱が取れたら、乾燥しないようにビニール袋などに入れる。

○おなじみの栗の甘露煮も、定番以外の出番は意外と少ない。何しろ栗の甘露煮といえば、栗きんとん、栗蒸しようかん、栗まんじゅう・・・。でも、こんなふうにも使える便利な素材なのだ。いくつでも食べられそうな、普段のおやつにちょうどいいお茶菓子は、きざんだ栗と、生地のちょっとした粘りがポイント。

イ

ロ

ハ

## 037
# 栗の黄身焼き

## 038
# 三色白玉だんご

# 三色白玉だんご

材料　十二個分
白玉粉　一五〇g
砂糖　大さじ一
黒ごま　小さじ一＋三〇g
抹茶粉　小さじ一
きな粉　二〇g
和三盆糖　六〇g
黒みつ　適宜

準備　鍋にたっぷりの湯を沸かす。大きなボウルに氷水を入れる。和三盆糖はすり鉢で軽くすりつぶしてサラサラにしておく(イ)。

1 白玉粉を一〇〇gと五〇gに分けてそれぞれボウルに入れ、砂糖を二対一に分けてそれぞれに加える。一〇〇gの方に水一〇〇ccを加えてよくこね、黒ごま小さじ一を混ぜ込む。五〇gの方には、抹茶粉を水五〇ccで溶いたものを茶こしでこしながら加え、よくこねる。

2 1の黒ごま入りは八等分、抹茶入りは四等分し、それぞれ丸め、竹串をさして穴を開ける(ロ・火を通しやすくするため)。沸騰湯でゆで、浮き上がってからさらに一分半ほどゆで、氷水に取って冷ます(ハ)。

3 黒ごま三〇gをすり鉢で軽くすり、和三盆糖三〇gと混ぜる。そこに水気をきった黒ごま入り白玉のうちの四個を入れてまぶす(ニ)。残りの四個には、きな粉と和三盆糖三〇gを合わせたものをまぶし、抹茶白玉には黒みつをかける。

○白玉をおいしく作るこつは、まずよくよくこねること。そして、砂糖を加えておくとかたくなりにくいので、これも忘れずに。弾力のあるおいしい歯ごたえが生まれます。それから先は、ほどよくゆでること。芯が残っては台なしだから。いつもより大きく作ったときには特に注意。焦らずしっかりゆでて黒みつやごまとからめると、一個でも食べごたえあり。

イ

ロ

ハ

ニ

# 039
# そば板せんべい

# 040
# 焼きいもぜんざい

## そば板せんべい

材料　作りやすい分量
そば粉　五〇g＋適宜
薄力粉　七〇g
ベーキングパウダー　小さじ二分の一
グラニュー糖　八〇g
粉砂糖　五〇g
卵白　一個分
塩　一つまみ

準備　そば粉五〇g、薄力粉、ベーキングパウダーを合わせてふるっておく。

1　ボウルにグラニュー糖と粉砂糖を入れて混ぜ、よく溶きほぐした卵白、塩を加え、泡立て器でなじむまで混ぜ合わせる。ふるった粉を加えて手で軽くこね（イ）、ひとまとめにする。

2　1の半量をそば粉を薄くふった台に取り出し（残りはラップフィルムに包んでおく）、めん棒でできるだけ薄く（二〜三㎜）のばし、幅一・五㎝×長さ七〜八㎝に切り揃える（ロ）。残りの生地も同様に切る。

3　フッ素樹脂加工のフライパンを弱火で温め、2を並べ入れる。動かさずにそのまま三〜四分間ゆっくり乾かすように焼き、裏返して同様に焼く（ハ）。完全に冷ましてから密封容器に入れる。

○このおせんべいは、ずいぶんと地味かもしれない。お茶をたっぷり入れて、のんびり本でも読みながら、かりっ。よく噛みしめると、そば粉の味と甘さがじんわり出てくる。そうそう、形はお好きにどうぞ。三角でも四角でも、小さめに。

イ

ロ

ハ

## 焼きいもぜんざい

材料　四〜五人分
さつまいも　約三〇〇g（大一本）
グラニュー糖　五〇g
黒糖　三〇g
白玉粉　六〇g
砂糖　小さじ一
金時豆の煮豆　適宜

1　11ページの1の要領でさつまいもを焼き、皮をむく。グラニュー糖、黒糖とともにフードプロセッサーにかけてペースト状にする。鍋に移して弱火にかけ、水二〇〇ccを少しずつ加えながら木べらで溶きのばす。とろりとした濃いめの状態に煮詰まったら火からおろす。
2　鍋にたっぷり湯をわかし、大きなボウルに氷水を入れておく。別のボウルに白玉粉と砂糖を入れ、水六〇ccを加えてよくこねる。十二等分して丸め、まん中を少しくぼませてからゆでる。浮き上がってきてからさらに三〇秒ほどゆで、氷水に取る。
3　1を弱火で温め直し、金時豆と2の白玉を加え、温まったら器によそい分ける。

○また使ってしまった焼きいも。液状にのばしても、香ばしさ、凝縮された甘みは変わらないから、おいも好きにも、お汁粉好きにもおすすめの自慢の一品なのだ。金時豆は、沖縄のぜんざいを思い出して入れてみた。

## 小噺 その4
# 固める材料

　数年前、奈良の吉野山で桜の花の塩漬けといっしょに吉野葛を買った。ごつごつのかたまりと白さが本物であることを主張しているようで、ちゃんと使わないと！と思ったものだ。

　葛粉は、葛という植物の根っこから採れるでんぷん。葛のとろみや弾力はとても日本的で、どこかあたたかみがある。そして、何しろ鮮度が大切。できたてを味わえるのは作り手の特権なので、味の違いを確かめてほしい。

　実際には、じゃがいもやさつまいものでんぷんを加えてある商品が多く、純度の高いものは値段が高い。葛焼きのようなお菓子を気軽に作るには、本物の葛粉にこだわらず、手近に買えるものでいいと思う。常備できて、いつでも買い足せるような。そうしてだんだん作り慣れていくうちに、葛にはどうして「吉野」がつくんだろ？と、もう一歩踏み込んで知りたくなることもあるはず。それもお菓子づくりのおもしろさかなと思う。

　吉野山の葛粉は、やわらかい葛餅にした。もちろん、できたてをあっという間に食べてしまったのでした。

［葛粉］　かたまりがあれば、つぶして粉状にして使う。水に溶かす場合はよく混ぜて、念を入れてさらにこすとよい。

[粉寒天]

[寒天]　粉状、糸状、棒状、と3タイプある。棒寒天と糸寒天は半日くらい水につけてもどし、煮溶かすのにも時間がかかる。粉寒天はその手間がなく、扱いが簡単でお手軽。ただ、寒天の性質が決め手となる煮詰めて作るタイプのお菓子(こはくかんや錦玉かん)には、糸寒天(または棒寒天)を使ってほしい。透明感、微妙な質感の違いが出るから。

注意したいのは、完全に煮溶かしてから糖分を加えること。はじめから全部の材料を合わせると、寒天が溶けにくくなる。それさえ気を付ければ、舌ざわりのいいおやつやデザートが誰にでも作れる。

水分量の目安は水400ccに対し、粉寒天なら4g、棒寒天は1本、糸寒天は10g。つるんとした感じにしたければ、寒天の量をやや少なめにするといいし、やわらかめにしたければ3分の2くらいに減らす。さらにやわらかくやさしい質感がほしければ、半分に減らす。その場合は大きく作ると切り分けたときに形が保てないので、1人分ずつの器で固めて。

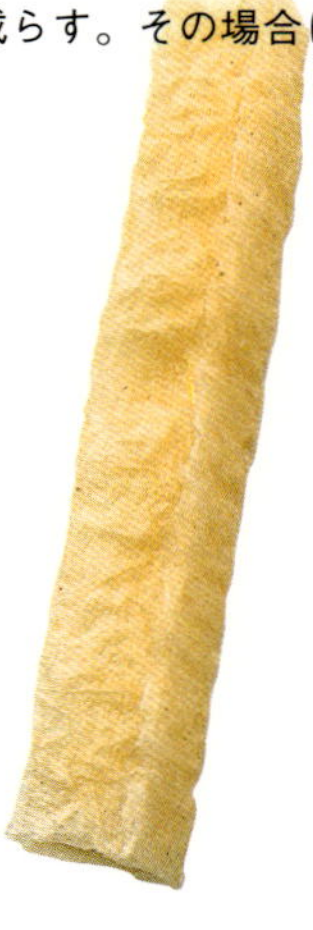

[棒寒天]

[糸寒天]

# ○デザート

おやつとデザートの境目は、本当はないのかもしれないけれど、食事の後は、ちょっとやわらかい舌ざわりのものがいい。ほどよく温かかったり、ひんやり冷たいものを、少し用意しておこう。和食の後には、桃や梨を一切れ食べるようなデザートがあれば十分。締めくくりには「何か少し甘いもの」、そのくらい控えめなほうが気がきいている。

# 041
# ゆず寒天と黒豆

## ゆず寒天と黒豆

材料　約四人分
糸寒天　七g
水　四〇〇cc
グラニュー糖　一六〇g
ゆず　一個
ラム黒豆（36ページ）　適宜

準備　糸寒天を半日くらい、少なくとも二時間以上水につけてもどす（イ）。ゆずは皮はすりおろし、実は搾って果汁を取る。

1 鍋に水気を絞った糸寒天と分量の水を入れて中火にかける。木べらで絶えず混ぜながら寒天を煮溶かす。完全に溶けたらグラニュー糖一三〇gを加えて煮溶かし、火を止めてゆずの皮を加え、バットに流し入れる。荒熱が取れたら冷蔵庫へ。一時間ほど冷やし固める。

2 小鍋で水七〇ccを沸かし、残りのグラニュー糖を入れて煮溶かす。火を止めてゆず果汁を加えて冷ます。

3 1を切り分けてラム黒豆と盛り合わせ、2を少しずつまわしかける。

○寒天は、白玉粉とならんで手作りデザート材料の代表だと思う。ゼラチンにはない、すっきりさっぱりした食感が寒天の魅力ではないかな。それにゆずの味を加えたら、もうこれ以上清々しいデザートはない、と言えるくらい。何か添えるなら、黒豆。すっきりと洗練された感じのモノトーンになる。

イ

## 042
# 甘酒の葛流しと
# 柿のクリーム

## 甘酒の葛流しと柿のクリーム

材料　四〜五人分
甘酒のもと（市販・イ）　大さじ四
葛粉　一〇g
水　二〇〇cc
グラニュー糖　三〇g
ゆであずき　約大さじ四
完熟の柿　大一個

1 柿は皮をむいて種を取り、粗くきざんでミキサーかフードプロセッサーにかけ、冷やしておく。

2 大きめのボウルに氷水を用意する。鍋に葛粉を入れて分量の水を少しずつ加えながら溶かし、甘酒のもととグラニュー糖も加えて混ぜ、弱火にかける。木べらで鍋底をこするようにしながら煮て、ゆるいとろみがついたら鍋ごと氷水につけて冷やす。

3 小さめのグラスに1と2を入れ、ゆであずきをのせる。

○甘酒は好きですか。温めて飲むのもいいけれど、冷たくするとくせがやわらぎ、それも悪くない。熟してやわらかくなった柿の味とよくあうから、この組み合わせが一番おすすめ。葛粉の量は少なめに、柿となじむくらいのとろみ加減で。食事の後のちょっとひと口、にふさわしい甘み。

イ

# 葛切り 梅みつ

材料 十八×十四cmのバット五枚分
葛粉 一〇〇g
和三盆糖 五〇g
梅酒 大さじ三
オレンジの甘煮(30ページ。マーマレードでもよい) 適宜

準備 葛を固めるためのバット(ここでは十八×十四cmを使用)と、それが入る大きさの容器と浅鍋を用意する。

1 梅みつを作る。和三盆糖を二〇〇ccの水で煮溶かし、梅酒を加えて冷ます。
2 葛切りを作る。浅鍋に湯を沸かしておく。ボウルに葛粉を入れ、水三〇〇ccを少しずつ加えてかたまりをつぶしながら溶きのばし、バットにごく浅くこし入れる(イ)。
3 2のバットを洗濯ばさみなどではさみ、軽く煮立った湯に浮かべ、揺らしながら厚さを平均にし、全体が白く固まったらバットを傾けて中に湯を入れ(ロ)、ほぼ透明になるまで熱する。
4 容器に冷水をはり、3のバットを浮かべて冷やし、中にも冷水を入れて端からはがす(ハ)。一〜一・五cm幅に切って器によそい分け、オレンジの甘煮をのせる。1の梅みつをかける。

○葛切りはやわらかで品のいいデザートになる。前もって作っておいてもいいけれど、できたては一段とやわらかくておいしい。薄過ぎると破れやすいし、厚過ぎても葛粉が片寄ったりするので、一枚作って試すといい。

イ

ロ

ハ

# 043
## 葛切り 梅みつ

## 044
# 凍りいちじく

## 凍りいちじく

材料　十六・五×八×高さ五・五㎝のパウンド型一台分
いちじく　三個
白あん　六〇g
和三盆糖　四〇g
グラニュー糖　八〇g
水　三〇〇cc
片栗粉　大さじ一
日本酒　大さじ一

1 いちじくは皮をむき、ミキサーかフードプロセッサーにかける。

2 鍋に白あん、グラニュー糖、和三盆糖を入れ、分量の水を少しずつ加えて木べらで溶きのばす。同量の水で溶いた片栗粉、日本酒も加えてよく混ぜ、弱火にかける。煮立ってきたら、混ぜながらとろみがつくまで煮る。火からおろして1を加え、手早く混ぜ合わせて型に流し入れる。荒熱が取れたら冷凍庫へ。しっかり固まるまで約三時間冷やす。

3 型の周りを熱い蒸しタオルなどで温めて凍りいちじくを抜き、切り分ける。

●アイスクリームでもシャーベットでもない、まったりとしたアイスキャンデー、といった感じ。切り分けてから少しおくと、とろりとした舌ざわり。旬が終わるころの熟したいちじくで。

# 045
## うぐいすあんの白玉餅

# 046
## 二色白玉 きんかんと桜

## うぐいすあんの白玉餅

材料　四〜五人分
うぐいすきな粉　一〇〇g
グラニュー糖　三〇g
甘納豆　四〇g
白玉粉　二五〇g

1 鍋に水をたっぷり入れて蒸籠をのせ、火にかける。ボウルに白玉粉を入れ、水二四〇ccを少しずつ加えながらよくこねる。二等分してそれぞれふきんにのせ、めん棒で厚さ四〜五㎜にのばす。蒸籠を鍋からおろし、のばした白玉をふきんごと入れ、強火で約十五分蒸す。

2 鍋にうぐいすきな粉とグラニュー糖、水一〇〇ccを入れて弱火にかけ、木べらで練り合わせる。ひとまとまりになったら甘納豆も加えてざっと混ぜ、バットに取って冷ましておく。

3 1の白玉がやわらかく蒸しあがったらふきんごと取り出し、少しおいて荒熱を取る。手を水でぬらし、白玉をふきんからいったんはがし、改めて置き直す。幅四㎝×長さ九〜一〇㎝に切り分ける。2を少量取って白玉の手前にのせて、端から巻く。

○白玉だんごの形を変えて平らに蒸し、うぐいすあんを巻いたら、いつか台湾で食べたお菓子に似ているみたい。あんが似ているようで、でもちょっと甘さが違う。だけどお餅の弾力は同じくらい。遠いようで案外近いところにいるのだろう。日本茶と中国茶のどちらにもあいそうな味。

## 二色白玉 きんかんと桜

材料　四人分

白玉粉　一〇〇g

こしあん　約一〇〇g

きんかんの甘煮(30ページ)　適宜

桜花の塩漬け　適宜

砂糖　大さじ約一・五

準備　鍋にたっぷり湯をわかす。盛りつける器を用意して、きんかんの甘煮、塩桜をそれぞれに入れる。こしあんを八等分する。

1 ボウルに白玉粉を入れ、水一〇〇ccを少しずつ加えながらよくこねる。八等分して丸め、手のひらで挟んで平らにし、さらに薄くのばしてあんをのせる。周りから白玉を寄せて閉じ、閉じ目をしっかりつまんでから丸め直し、かたく絞ったぬれぶきんの上に並べる。

2 1を沸騰湯に入れ、浮き上がってきてからさらに三〇秒ほどゆでて、器に盛りつける。砂糖少々で甘みをととのえたゆで汁を少しずつかけてできあがり。

○食後のデザートとしての白玉は、こしあんを包んだ穏やかな味に。ゆで汁は甘みをつけてスープとして生かしてみた。塩桜ときんかんの風味が移っていて、ほんの少しとろみもあって、うす甘い味。ひと口飲んで白玉をパクッ、それでちょうどいいおいしさが口にひろがるというわけ。熱々よりも、温かいくらいがちょうどいい。

## ○お茶と九助

和菓子を作っていて楽しいのが、〝九助〟。これは切り落としや端っこのこと。いやいやそんなふうに言ってはいけない。福耳、などという呼び名もあるのだから。

九助は「九助葛」という最高級の葛粉に引っかけた呼び方らしい。お菓子の「くず」でも、ものは最高、味もよし、というわけ。カステラや羊羹の端っこに、蒸し菓子の端切れ、パンの耳、確かにどれも形はともかく味がいい。お得なおまけのようだ。

作り終えてほっと一息、お茶と九助でひとやすみ。それは作り手の特権、小さな幸せ。

次は何を作ろうか、頭の中であんこを混ぜたり抹茶を溶いたり、お茶をもう一杯いれて考えよう。

著者© 長尾智子

撮影 廣石尚子 amana
ブックデザイン 中村善郎 Yen Inc.
design assistant Sakurako Hanekawa


special thanks
Haruko Kanezuka
Fumiko Nakajima
Anko Shiina

お茶にあう和風のおかし

初版発行 二〇〇〇年四月一〇日
四版発行 二〇〇一年一月三〇日

発行者 野本信夫
発行所 株式会社 柴田書店
東京都文京区本郷三の二十八の八 〒一一三—八四七七
電話 注文窓口 〇四八九—七九—三一一一（流通センター）
お問合せ 〇三—五六八四—五〇三六（営業）
書籍編集 〇三—五六八四—五〇四六
http://www.shibatashoten.co.jp
振替口座 〇〇一八〇—二—四五一五

印刷・製本 共同印刷株式会社